SAMMLUNG GUTTENTAG

249 b

Jugendgerichtsgesetz

von Mitte 1964 bis Mitte 1966

Ergänzung zu Grethlein, Jugendgerichtsgesetz, Kommentar, 2. Aufl.

von

Dr. Gerhard Grethlein
Oberstaatsanwalt

BERLIN 1966

WALTER DE GRUYTER & CO.
vormals G. J. Göschen'sche Verlagshandlung — J. Guttentag, Verlagsbuchhandlung — Georg Reimer — Karl J. Trübner — Veit & Comp.

Archiv-Nr. 29 49 66 1

Satz und Druck: Walter de Gruyter & Co., Berlin 30

Vorwort

Wie im Kommentar angekündigt, wird er durch dieses Ergänzungsheft wieder auf den neuesten Stand gebracht. **Jeder Benutzer möge,** vielleicht mit roten Ziffern, **die laufenden Nummern dieses Heftes an den dort bezeichneten Stellen des Kommentars auf den Rand vermerken** (oder durch seine Kanzleikraft dort vermerken lassen). So kann er bei der Benutzung des Kommentars neuere Entscheidungen usw. aus dem Ergänzungsheft nicht übersehen. Diese kleine Mühe macht sich bald bezahlt, wie sich schon beim Ergänzungsheft zur 1. Auflage des Kommentars gezeigt hat.

Das Heft unterrichtet aber zugleich über alles Neue zum Jugendgerichtsgesetz. Die Veröffentlichungen über dieses Rechtsgebiet sind in verschiedenen Zeitschriften, von juristischen über medizinische zu den fürsorgerischen Fachorganen, verstreut, so daß es für den Praktiker schwer ist, auf dem laufenden zu bleiben. Dieses Heft will deshalb neben der Ergänzung des Kommentars zugleich eine umfassende Unterrichtung über alles Neue auf diesem Gebiet **ohne großen Zeitaufwand durch die Durchsicht des Heftchens** ermöglichen, ein Vorteil der Ergänzungshefte gegenüber den Lose-Blatt-sammlungen. In einigen Fällen waren Wiederholungen oder Verweisungen sowie die Behandlungen einzelner Entscheidungen an verschiedenen Stellen notwendig, um die Übereinstimmung mit dem Kommentar zu sichern. Ich darf hoffen, daß das bei der Lektüre nicht besonders stört.

Aufgenommen wurden Gerichtsentscheidungen, Bücher (einschließlich Dissertationen), Aufsätze, aber auch eigene Gedanken zu neuen, aus der Praxis an mich herangetragenen Fragen. Berücksichtigt sind die Änderungen der Anordnung über die gerichtliche Erziehungskartei vom 1. 6. 65, der Untersuchungshaftvollzugsordnung vom 15. 12. 65, der StVZO (zur Verkehrszentralkartei) vom 23. 4. 65, der Richtlinien zum Jugendgerichtsgesetz vom 1. 3. 65. Auch neues statistisches Material und die neue Prognosetabelle von Fritz Meyer, die der Praktiker kennen und erproben sollte, ist abgedruckt. Die Verarbeitung der neuen Kommentare zum Jugendgerichtsgesetz hätte den Rahmen gesprengt. Das Heft schließt **zeitlich** an die 2. Auflage des Kommentars an und führt lückenlos bis zum Jahresende 1965; spätere Veröffentlichungen in den amtlichen und privaten (LM, OLG St, SjE) Entscheidungssammlungen sowie in NJW, JR, DAR, DRiZ, Bew. H sind noch bis Anfang Juli 1966 ausnahmslos berücksichtigt.

Ansbach-Pfaffengreuth, 31. 7. 1966 Dr. Gerhard Grethlein

A. Fundstellenverzeichnis der Entscheidungen des Bundesverfassungsgerichts

Amtl. Samm-lung	Datum	Aktenzeichen	NJW	MDR	Weitere Fundstellen
17/294	24. 3. 64	BVR 42, 83, 89/63	64/1020	64/569	JZ 65/57
18/344	3. 2. 65	BVR 166/64	65/1219	65/545	DRiZ 65/164

B. Fundstellenverzeichnis der Entscheidungen des Bundesgerichtshofes

I. Amtliche Sammlung

Amtl. Samm-lung	Datum	Akten-zeichen	NJW	MDR	JZ	JR	LM	Weitere Fund-stellen
18/381	15. 5. 63	2 ARs 66/63	63/1747	63/943	63/714	—	§ 14 StPO 1	
19/196[1])	24. 1. 64	1 StR 297/60	64/674	64/432	—	—	§ 72 GKG 1	
19/367	22. 7. 64	2 StR 247/64	64/2431	64/937	—	—	§ 244 II StPO 38	
20/5	19. 8. 64	3 StR 30/64	64/2169	64/1020	—	—	§ 23 StGB 51	
20/20	4. 9. 64	4 StR 326/64	64/2168	64/938	—	—	§ 413 StPO 7	DAR 65/25
20/34	23. 9. 64	2 StR 185/64	64/2426	65/59	65/586	—	§ 161 StGB 10	
20/78	27. 10. 64	1 StR 358/64	65/52	65/57	—	—	§ 354 a StPO 4/5	
20/95	17. 11. 64	1 StR 442/64	65/116	65/149	—	—	§ 142 StPO 3	
20/143	19. 1. 65	1 StR 497/64	65/770	65/398	65/585	—	§ 161 StGB 11	RPfl. 65/271 BB 65/353
20/157	29. 1. 65	2 ARs 368/64	65/923	65/404	65/326	—	§ 84 JGG 2	ZBl. 66/26
20/203	2. 4. 65	4 StR 101/65	65/1030	65/497	65/457	—	§ 23 StGB 53	

[1]) Letzte Entscheidung im Kommentar; ergänzt durch zwei weitere Fundstellen. Die vorausgehenden Entscheidungen 18/349, 19/85, 19/170, 19/177 sind auch in JZ 63/766 sowie 64/34, 387 und 468 abgedruckt; das Fundstellenverzeichnis auf Seite 356 des Kommentars ist entsprechend zu ergänzen.

Amtl. Sammlung	Datum	Aktenzeichen	NJW	MDR	JZ	JR	LM	Weitere Fundstellen
20/219	5. 5. 65	2 StR 66/65	65/1609	65/757	—	—	§ 237 StPO 4	VRS 29/122
20/222	7. 5. 65	2 StR 92/65	65/1492	65/672	—	—	§ 85 StPO 1	VRS 29/121
20/227	11. 6. 65	2 StR 187/65	65/1817	65/756	—	—	§ 67 StGB 14	
20/232	29. 6. 65	5 StR 228/65	65/1869	65/839	65/584	65/390	§ 42 b StGB 25	
20/234	6. 7. 65	5 StR 229/65	65/1870	65/925	65/587	65/391	§ 81 c StPO 6	VRS 29/201, FamRZ 66/31
20/264	4. 8. 65	2 StR 282/65	65/2061	65/920	65/684	—	§ 65 II StGB 20	

II NJW

NJW	Datum	Aktenzeichen	MDR	JZ	LM	VRS
64/1034	15. 2. 64	1 StR 13/64	64/522	64/525	§ 4 StPO 6	—
64/1732	12. 6. 64	4 StR 171/64	64/770	—	§ 23 StGB 54 a	27/97
64/2213	14. 8. 64	4 StR 240/64	64/933	—	§ 51 StPO 5	—
				JR		
66/742	2. 2. 66	2 StR 471/65	66/429	66/186	§ 52 StPO 25	66/186
66/892	25. 1. 66	5 StR 533/65	66/517	66/185	§ 20a StGB 23[1])	66/185
66/1037	4. 3. 66	4 StR 27/66	66/521	—	§ 63 GVG 28	—

III. Weitere Fundstellen

Zeitschrift	Fundstelle	Datum	Aktenzeichen	Weitere Fundstellen
MDR	66/161	31. 8. 65	5 StR 645/65	JR 66/107[2])
Martin in DAR. .	64/100 Ziff. 2	1. 3. 63	4 StR 21/63	—
	65/95	3. 4. 64	4 StR 533/63	—
Herlan in GA . ..	64/135	8. 3. 63	4 StR 6/63	—
	64/135	2. 4. 64	5 StR 83/63	—

[1]) = amtliche Sammlung 21/12.
[2]) = amtliche Sammlung 20/384 = NJW 66/740 = LM § 252 StPO 21.

C. Fundstellenverzeichnis der Entscheidungen des Bayerischen Obersten Landesgerichts

Zeitschrift	Fundstelle	Datum	Aktenzeichen	Weitere Fundstellen
I Amtl. Sammlung	64/91	29. 5. 64	RReg 3 St 52/64	ZBl. 64/249, GA 64/335, OLG St 3 § 33 JGG S. 1 f.
	64/127	24. 9. 64	RReg 4 a St 310/63	
II NJW	64/2120	14. 7. 64	RReg 2 St 693/63	ZBl. 64/277 MDR 65/632
	66/117	8. 7. 65	RReg 4 b St 48/65	JZ 65/771[1])
III JR	66/106	24. 11. 65	RReg 1 b St 216/65	DAR 66/54[2])
IV Rüth in DAR	64/240	24. 2. 63	1 St. 61/63	
	64/242	28. 5. 63	2 St. 57/63	
	64/242	16. 7. 63	2 St. 208/63	
	64/242	21. 8. 63	2 St. 397/63	
	64/242	4. 12. 63	1 St. 495/63	
	64/242	18. 12. 63	1 St. 528/63	

S. 3 **Einf. II 1 aE** **Lfd. Nr. 1**
Zeile 2

Als **weitere Ursachen der Jugendkriminalität** (neben den im Kommentar Einf. II 1 genannten) müssen die zunehmende „Verstädterung" — in den Städten war die Kriminalität schon immer höher —, der Übergang zur Konsumgesellschaft, die den Absatz steigern will und deshalb die Begehrlichkeit schürt, und der ständig steigende Alkoholkonsum auch junger Menschen genannt werden. — Wesentliche Bedeutung haben die in der frühen Kindheit empfangenen ersten — und damit meist tiefsten — Eindrücke, die später nicht so leicht überwunden werden können (Schüler-Springorum/Sieverts, Sozial auffällige Jugendliche S. 44f.).

Über die Gründe der Jugendkriminalität **vgl. Literatur** Einf. V 2 b im Kommentar und lfd. Nr. **22** und das Schrifttum zur Prognoseforschung § 43 Anm. 2 c, FN 1 im Kommentar und lfd. Nr. **94.**

S. 4 **Einf. FN 3** **Lfd. Nr. 2**

Literatur: Miehe: Die Bedeutung der Tat im Jugendstrafrecht, Göttinger Rechtswissenschaftliche Studien Band 53; 1964.

S. 5 **Einf. II 2** **Lfd. Nr. 3**
Zeilen 10—27 (2. Absatz)

Im Jugendstrafrecht geht es **entscheidend** um die **Behebung der Dissozialität,** des In-Erscheinung-Tretens der Fehlentwicklung (Schüler-Springorum/Sieverts, Sozial auffällige Jugendliche S. 54). Grünwald (FamRZ 66/53f.) hat mich mißverstanden, wenn er meint, ich verträte die Ansicht, die Rechtsfolgen dürften im Verhältnis zur Tat

[1]) = amtliche Sammlung 65/181 = OLG St § 252 StPO S. 1.
[2]) = NJW 66/896 = OLG St § 42 m StGB S. 8.

weder zu schwer noch zu leicht sein, ich behandelte also das Jugendstrafrecht nicht mehr als Täterstrafrecht, sondern als Tatstrafrecht (vgl. dazu Kommentar S. 5—7 oben).

Daß die Schuld die Grenze der Strafe nach oben setzt, muß auch im Jugendrecht gelten (vgl. Miehe, lfd. Nr. 2; für die Jugendstrafe eingehend lfd. Nr. 55), solange es Jugendkriminalrecht ist (Peters will es durch ein Jugendkonfliktsrecht ersetzen, s. lfd. Nr. 55 FN[1])). Denn „Strafe setzt Schuld voraus; Schuld ist Vorwerfbarkeit" (BGH 2/194, 200). An dieser Begrenzung muß um so mehr festgehalten werden, als Jugendstraf- und Jugendarrestvollzug in der Praxis noch immer mit erheblichen Mängeln behaftet sind (vgl. Potrykus, Die Polizei 65/293), weshalb in der Erziehung oft auch Erreichbares nicht erreicht wird. Ähnliches gilt, wenn auch eingeschränkt, bei den ambulanten Maßnahmen wegen der weithin bestehenden Überlastung von Jugendämtern nnd Bewährungshelfern. Bei den Erziehungsmaßregeln, die ja nur aus Anlaß der Tat angeordnet werden (§ 5 Abs. I JGG), wird man die Grenze weiter ziehen können, doch es niemals zu einem Mißverhältnis zwischen Tat und Maßnahme kommen lassen dürfen (Grundsatz der Verhältnismäßigkeit).

Dagegen setzt die in der Tat hervorgetretene Schuld **keine Grenze nach unten** (scheinbare Ausnahme: § 17 Abs. II 2. Alternative; vgl. dazu Kommentar § 17 Anm. 2 b). Schließlich ermöglicht § 45 Abs. II JGG bei jeder Tat den Verzicht auf jede Reaktion. Mit Lackner (Anm. zu KG JR 65/29, 30f.) kann man auch dann von Vergeltung absehen, wenn Erziehungsmaßregeln ausreichen, die zwar oft auch eine sühnende Wirkung haben, aber nicht haben müssen. Doch setzt das JGG hier selbst Grenzen, einmal, indem § 13 Abs. I JGG die Verhängung von Zuchtmitteln vorschreibt, wenn dem Jugendlichen eindringlich zum Bewußtsein gebracht werden muß, daß er für Unrecht einzustehen hat, zum andern, indem § 17 Abs. II JGG in der zweiten Alternative die Verhängung von Jugendstrafe gebietet, wenn das wegen der Schwere der Schuld erforderlich ist. Gerade im Interesse der Erziehung ist oft die nachdrückliche Konfrontierung mit Tat und Schuld notwendig. Das will bedacht sein, bevor von der Verfolgung ganz abgesehen (§ 45 Abs. II JGG) oder nur Erziehungsmaßregeln ohne jede repressive Wirkung angeordnet werden.

In 12 Jahren praktischer Arbeit habe ich wie auch andere Praktiker immer wieder festgestellt, daß gerade die jungen Menschen ein überraschend starkes Gefühl für die Tat und ihre Folgen, für die Angemessenheit der Reaktion haben. Die Verletzung dieses Gefühls durch eine nicht angemessene richterliche Maßnahme könnte leicht zu einem Mißerfolg des erzieherischen Bemühens führen. Denn wirkliche Erziehung, d. h. eine positive Beeinflussung der Einstellung des Täters zum Leben und zu den Werten unserer Kultur, setzt die personale Beziehung zwischen Erzieher und dem jungen Menschen voraus; diese kommt aber gerade dann nicht — oder für längere Zeit nicht — zu Stande, wenn der Jugendliche die Maßnahme des Gerichts als unangemessen hart empfindet und sich unverstanden fühlt.

Im Rahmen des Angemessenen (vgl. zur Rahmen- oder Spielraumtheorie des BGH, Spendel NJW 64/1758, 1765 mit Fundstellen) bleibt fast immer genug Raum für die Auswahl der erzieherisch geeigneten Maßnahme.

S. 6 **Einf. II 2a (1) (b) aE** **Lfd. Nr. 4**
9. Textzeile von unten

Die Chancen für den Erfolg der Maßnahmen des Jugendrichters sind umso größer, je weniger die Fehlhaltung verfestigt ist, je kürzere Zeit sie besteht. Halbe Maßnahmen bewirken, daß später — nach weiterer Verfestigung — auch einschneidende Maßnahmen oft nicht mehr helfen. Nie sollte übersehen werden, daß die **Beseitigung einer Fehlhaltung geraume Zeit** beansprucht (Schüler-Springorum/Sieverts, Sozial auffällige Jugendliche S. 54f.).

S. 7 **Einf. FN 5** **Lfd. Nr. 5**

Gegen die von Hellmer vorgenommene, schon im Kommentar abgelehnte **schematische Einteilung** (s. Kommentar Einf. FN 5) überzeugend Lackner in Anm. zu KG JR 65/29 (30f.), der darauf hinweist, daß die moderne Entwicklung zu einer zunehmenden Verfeinerung des Schuldprinzips mit der Notwendigkeit einer Ergänzung des Strafrechts durch Maßregeln vorbeugender Art geführt hat, weshalb im Jugendrecht von Vergeltung abgesehen werden kann, wenn Erziehungsmaßregeln ausreichen.

S. 7 **Einf. FN 6** **Lfd. Nr. 6**

Literatur: Grünwald: Sicherungsverwahrung, Arbeitshaus, vorbeugende Verwahrung und Sicherungsaufsicht im Entwurf 1962, ZStW 64 (76)/633.

S. 8 **Einf. FN 7** **Lfd. Nr. 7**

Literatur: Abel: Zusammenarbeit zwischen Polizei und Bewährungshilfe, BewH 64/179; Koppe: Der Psychologe im polizeilichen Ermittlungsverfahren, in Gerichtliche Psychologie; Minzenmay: Das Jugendamt und die Polizei in Baden-Württemberg ZBl. 64/231.

S. 9 **Einf. II 2 aE** **Lfd. Nr. 8**
Zeile 19f.

e) Auch im (Schul-) **Disziplinarrecht** sind die **Grundsätze des JGG** zu beachten. Eine Entlassung aus allen Schulen des Landes ist nicht gerechtfertigt wegen einer Tat, deretwegen das Jugendgericht nur Jugendarrest verhängt hat. Verwaltungsgerichtshof Baden-Württemberg JZ 64/627 mit (im wesentlichen zustimmender) Anm. Baumann JZ 64/612.

S. 10 **Einf. II 3 aE** **Lfd. Nr. 9**
Zeile 16

d) Daß Heranwachsende nicht schlechthin und ohne Prüfung ihrer Entwicklung von Erwachsenengerichten zu den Strafen des StGB verurteilt werden, gehört zu den Grundsätzen des Rechtes der Bundesrepublik (BGH 20/5, 12f.; vgl. lfd. Nr. 25).

S. 10 **Einf. FN 9** **Lfd. Nr. 10**

Literatur: Potrykus: Zur polizeilichen Kriminalstatistik 1963; 1964: UJ 64/552; 65/451. Schaffstein: Die Jugendkriminalität in der industriellen Wohlstandsgesellschaft, MKrim 65 (48)/53 (dazu Marcus: Zur Bewertung der Statistik aus der Zeit zwischen 1933 und 1945, MKrim 65 (48)/298). S. auch ZBl. 64/267, 65/162; „Über die polizeiliche Kriminalstatistik".

S. 11 **Einf. IV 1** **Lfd. Nr. 11**

IV Statistik. Die Zahlen wurden den Veröffentlichungen der statistischen Ämter, Haushaltsreden des Herrn Bayerischen Ministerpräsidenten, der amtlichen Strafvollzugsstatistik und verschiedenen Einzelveröffentlichungen entnommen.

Da den Tabellen Zahlen aus mehreren Fundstellen zugrunde liegen, wurde von der Angabe von Fundstellen im einzelnen abgesehen.

1) **Kriminalitätsziffern** (verurteilte Straftäter auf 100000 Einwohner).

a) in Bayern (Zahlen in Klammern gelten für die Bundesrepublik).

	Jugendliche	Heranwachsende	Erwachsene	Heranwachsende u. Erwachsene	Junge Erwachsene 21—25 Jahre
1937	746			1089	
1947	856			1049	
1948	970			1347	
1949	825			1042	
1950	777 (752)			853	
1951	1106			1175	(2181)
1952	1182			1533	
1953	1118			1546	(2855)
1954	1100 (855)	3449 (2623)	1504	1624	(2886)
1955	1123 (940)	3393 (2635)	1543	1633	
1956	1221 (1014)	3472 (2713)	1549	1677	(3147)
1957	1453	3601	1501	1645	
1958	1426 (1285)	3621 (2939)	1440	1596	(3164)
1959	1471 (1335)	3813 (3083)	1446	1623	(3098)
1960	1465 (1372)	3798 (3045)	1393	1570	(2995)
1961	1599 (1568)	4168 (3394)	1341	1530	(3101)
1962	1574 (1584)	4167 (3402)	1273	1444	(3187)
1963	1421 (1499)	3689 (3887)	1179	1317	
1964	1453 (1506)	3785 (1506)	1236	1365	

b) Kriminalitätsziffern Jugendlicher in

	1959	1960	1961	1962	1963
Nordrheinwestfalen	1419	1460	1646	1623	1610
Rheinland-Pfalz	1315	1363	1457	1565	1519
Schleswig-Holstein	1174	1168	1325	1453	1244

S. 11 **Einf. FN 11** **Lfd. Nr. 12**

Die **polizeiliche Kriminalstatistik** der Bundesrepublik ergibt folgende Prozentzahlen für die Gruppen der Kinder, Jugendlichen und Heranwachsenden

	a) an der Gesamtkriminalität		b) an der Bevölkerung	
	1963	1964	1963	1964
Kinder	4,8%	5,5%	14,0%	14,0%
Jugendliche	8,4%	9,2%	6,0%	6,5%
Heranwachsende	9,8%	8,9%	5,2%	4,8%

S. 12 **Einf. IV 2** **Lfd. Nr. 13**
Tabelle

Kriminalitätsziffern der in Bayern 1962 rechtskräftig Verurteilten

	Jugendliche	Heranwachsende	Erwachsende
Mord	0,2	2,9[1])	0,3
Totschlag	0,2	0,7	0,5
Körperverletzung	148,0	992,3	316,5
Unzucht mit Kindern	51,5	30,5	5,9
Gleichgeschlechtliche Unzucht	27,2	27,2	5,3
Notzucht	10,0	12,9	1,6
Einfacher Diebstahl	410,0	416,4	74,8
Raub, Erpressung	10,4	22,9	2,2
Betrug, Untreue	47,5	175,0	84,6
§§ 242—248 c StGB	630,2	713,9	129,0

Die **Entwicklung** der Kriminalitätsziffern **in den letzten Jahren** in Bayern (entsprechende Zahlen für den Bund sind in Klammern) für einzelne Deliktsgruppen zeigen folgende Tabellen:

	Raub, Erpressung		**Sittlichkeitsdelikte**		
	Jugendliche	Heranwachsende	Jugendliche	Heranwachsende	Erwachsene
1959			90 (70)	70 (68)	36 (31)
1960	12 (12)	20 (21)	104 (76)	89 (66)	32 (29)
1961	14 (14)	19 (24)	106 (75)	76 (66)	30
1962	10 (13)	23 (24)	112 (73)	99 (70)	28
1963	17 (16)	20 (27)	90 (72)	83 (66)	26
1964	14	22	101	82	—

[1]) Diese Zahl ist 1962 besonders hoch und läßt allgemeine Schlüsse nicht zu.

	Diebstahl u. Unterschlagung			**Betrug u. Untreue**		
	Jugendliche	Heranwachsende	Erwachsene	Jugendliche	Heranwachsende	Erwachsene
1959	657	692	139	62	228	132
1960	668	665	141	56	193	118
1961	699	709	129	52	182	101
1962	630	714	129	48	175	85
1963	615	702	129	42	162	76

	Straßenverkehr			**Körperverletzung**		
	Jugendliche	Heranwachsende	Erwachsene	Jugendliche	Heranwachsende	Erwachsene
1958	209 (238)	1303 (1170)	549	—	—	—
1959	251 (263)	1481 (1295)	567	158	912	325
1960	249 (270)	1599 (1295)	585	161	967	340
1961	326	1948	600	179	995	334
1962	409	1931	586	148	992	317
1963	329	1575	535	134	902	310
1964	356	1651	570	—	—	—

S. 12 **Einf. IV 3** **Lfd. Nr.14**

Aus der **Strafvollzugsstatistik** Bayerns 1964.

a) Von 800 in Jugendstrafanstalten einsitzenden Strafgefangenen stammten 424 **aus unvollständigen Familien;**

beide Eltern verloren hatten 27
den Vater verloren hatten 133
die Mutter verloren hatten 40
unehelich geboren waren 119
die Eltern lebten getrennt oder waren geschieden bei . 105.

S. 13 **Einf. IV 3 aE** **Lfd. Nr. 15**
hinter Zeile 5

b) Von den 7584 Jugendlichen, die 1962 in Bayern rechtskräftig verurteilt wurden, waren

(1) 7038 Volksschüler
99 Hilfsschüler oder ohne Schulbildung
447 Mittel- oder höhere Schüler
7584

(2) 601 Schüler
3891 Lehrlinge oder Anlernlinge
215 Beamte, Angestellte, Selbständige
2632 Arbeiter, Hausgehilfinnen
233 ohne Beruf
12 Soldaten
7584

(3) 1288 unehelich geboren.

S. 13 **Einf. IV FN 12** **Lfd. Nr. 16**

Die Prozentzahl der wegen Vergehen und Verbrechen **Vorbestraften** in Bayern betrug

	Jugendliche überhaupt	Jugendliche mehr als 4 ×	Heranwachsende überhaupt	Heranwachsende mehr als 4 ×	Erwachsene überhaupt	Erwachsene mehr als 4 ×
1963	21,9	0,72	29,4	2,2	39,8	11,6
1964	21,7	0,69	29,1	2,1	40,4	11,9

Vgl. auch Kühling: Rückfalluntersuchungen an jungen Rechtsbrechern, MKrim 1965 (48)/269.

S. 14 **Einf. IV 4** **Lfd. Nr. 17**
oben

Zahl der **vorbestraften Strafgefangenen** Bayerns 1964 und 1965.

	1964						
	ohne	1 ×	2 ×	3 ×	4 ×	5—10 ×	11—20 ×
Jugendliche Jugendstrafe	111	31	1	—	—	—	—
Heranwachsende Jugendstrafe	235	209	60	21	7	10	—
Heranwachsende Gefängnis	15	9	9	4	2	1	—
21—24 jährige Jugendstrafe	66	89	52	16	13	5	—
21—24 jährige Gefängnis	145	157	173	136	58	113	7

	1965						
	ohne	1 ×	2 ×	3 ×	4 ×	5—10 ×	11—20 ×
Jugendliche Jugendstrafe	110	15	1	—	—	—	—
Heranwachsende Jugendstrafe	220	189	45	13	2	4	—
Heranwachsende Gefängnis	25	18	11	4	2	3	—
21—24 jährige Jugendstrafe	70	81	35	21	7	5	1
21—24 jährige Gefängnis	134	191	172	130	66	106	7

S. 14 **Einf. IV 5a** **Lfd. Nr. 18**

(1) (a) In **Bayern** wurden wegen Vergehen oder Verbrechen **wie folgt verurteilt** (ohne Doppelzählung)

Jugendliche

	Täter	Jugendstrafe (davon Bewährung)	Zuchtmittel	Erziehungsmaßregeln
1958	8438	864 (449; 52%)	7468	106
1959	8034	769 (392; 51%)	7178	87
1960	7076	739 (369; 50%)	6244	93
1961	7664	684 (368; 54%)	6852	128
1962	7584	673 (358; 53%)	6776	135
1963	6930	662 (365; 57%)	6122	146

Heranwachsende (soweit nach Jugendrecht verurteilt)

	Täter	Jugendstrafe (davon Bewährung)	Zuchtmittel	Erziehungsmaßregeln
1958	3883	994 (429; 43%)	2886	3
1959	4599	1191 (508; 42%)	3402	6
1960	4273	1197 (559; 46%)	3067	9
1961	4121	1065 (474; 45%)	3042	14
1962	4337	1190 (505; 42%)	3135	12
1963	4118	1047 (487; 47%)	3050	21

(b) In der **Bundesrepublik** wurden 1963 **belegt mit**

	Jugendstrafe	Zuchtmittel	Erziehungs-maßregeln	nach § 45 JGG
Jugendliche	3764	35178	1574	12968
Heranwachsende	6554	20247	249	—
	10318	55425	1823	

	Zuchthaus	Gefängnis	Haft, Einschließung, Strafarrest	Geldstrafe
Heranwachsende	31	10653	347	35091

(2) In **Bayern** wurden **folgende Maßnahmen** verhängt (bei mehreren Maßnahmen erfolgte Doppelzählung) **nach Jugendrecht** wegen Vergehen und Verbrechen gegen Jugendliche und Heranwachsende:

	Jugendstrafe[1])	Zuchtmittel (davon a) Jugendarrest; b) bes. Pflichten; c) Verwarnung]	Erziehungsmaßregeln
1958	1858	14521 (a 5749, b 4755, c 4017)	1311
1959	1960	14783 (a 5565, b 4874, c 4344)	1202
1960	1936	13247 (a 5072, b 4554, c 3621)	1036
1961	1649	14023 (a 5170, b 5005, c 3848)	1249
1962	1863	14018 (a 5092, b 5005, c 3921)	1126
1963	1709	12573 (a 4930, b 4306, c 3337)	1221

gegen Heranwachsende **nach allgemeinem Recht** wegen Vergehen und Verbrechen

	Zuchthaus (davon lebenslang)	Gefängnis (davon je mit Strafaussetzung)	Haft	Strafarrest	Geldstrafe
1958	3 (1)	2752 (1341)	10 (6)	57	10837
1959	1 (1)	2779 (1332)	6 (5)	47	12078
1960	3 (1)	2739 (1417)	18 (8)	61	12353
1961	1	2732 (1411)	17 (12)	52	12644
1962	6 (2)	2285 (1142)	21 (13)	63	10770
1963	11	1986 (986)	19 (8)	60	8360

[1]) Wegen der Bewilligung der Strafaussetzung vgl. die vorausgehende Tabelle über die zu Jugendstrafe (usw.) Verurteilten oben (1) (a).

S. 15 **Einf. IV 5c** **Lfd. Nr. 19**
oben nach Zeile 6

Nach der Bayerischen **Strafvollzugsstatistik** wurden 1964 und 1965 von 14—24 jährigen verbüßt:

Alter Jahre	1964 Zuchthaus	1964 Gefängnis	1964 Haft	1964 Jugendstrafe	1965 Zuchthaus	1965 Gefängnis	1965 Haft	1965 Jugendstrafe
14—15	—	—	—	—	—	—	—	—
15—16	—	—	—	10	—	—	—	9
16—17	—	—	—	33	—	—	—	35
17—18	—	—	—	100	—	—	—	82
14—18	—	—	—	143	—	—	—	126
18—19	—	—	1	112	—	4	1	120
19—20	2	7	1	202	—	9	—	167
20—21	1	33	3	228	2	50	4	186
18—21	3	40	5	542	2	63	5	473
21—24	44	799	24	241	46	806	30	220

S. 15 **Einf. IV 5c** **Lfd. Nr. 20**
unten

Dauer des Jugendstrafvollzugs in Bayern nach der gleichen Statistik:

Alter	Jahr	insgesamt	Monate 5—6	Monate 6—9	Monate 9—12	Jahre 1—2	Jahre 2—5	Jahre 5—10	Jugendstrafe unbestimmter Dauer	Anteil der unbestimmten Jugendstrafe insgesamt
14—17	1964	143	16	24	30	47	9	1	16	11,2%
	1965	126	12	19	30	33	3	—	29	23,0%
18—20	1964	542[1])	39	74	117	168	61	7	59	11,2%
	1965	473	30	54	96	156	63	7	67	14,2%
21—24	1964	241[2])	16	26	37	74	45	11	26	11,1%
	1965	220	9	14	24	71	60	18	24	10,9%

S. 16 **Einf. IV aE** **Lfd. Nr. 21**
nach Zeile 6

6) Die folgenden Tabellen geben einen Überblick über **die Anwendung des § 105 JGG** in Bayern. Die Zahlen trügen, weil viele kleinere Gesetzesverstöße Heranwach-

[1]) davon 17 unter 5 Monaten,
[2]) davon 6 unter 5 Monaten.

sender im Strafbefehlsverfahren ohne Prüfung nach § 105 unter Anwendung des allgemeinen Rechts abgeurteilt werden (vgl. § 109 JGG Anm. 2b(4) im Kommentar); so wurden 1963 in Bayern knapp 53 % der verurteilten Heranwachsenden wegen Straftaten im Straßenverkehr zur Rechenschaft gezogen; bei Straßenverkehrsverstößen wurde aber nur in 13 % der Fälle Jugendrecht angewendet.

mit Straßenverkehr

	Verurteilte Heranwachsende	Anwendung des allgemeinen Strafrechts	Anwendung des Jugendrechts
1954	13994	12503 89,5%	1491 10,5%
1955	14677	12611 88,5%	2066 11,5%
1956	15399	13052 84,5%	2347 15,5%
1957	16399	13131 79,5%	3268 20,5%
1958	17542	13659 78%	3883 22%
1959	19510	14911 76%	4599 24%
1960	19447	15174 77,5%	4273 22,5%
1961	19567	15446 79%	4121 21%
1962	17482	13145 75%	4337 25%
1963	14554	10436 71,5%	4118 28,5%

ohne Straßenverkehr

	Verurteilte Heranwachsende	Anwendung des allgemeinen Strafrechts	Anwendung des Jugendrechts
1954	7054	5841 83%	1213 17%
1955	6961	5297 76%	1664 24%
1956	7339	5442 74%	1897 26%
1957	8544	5830 68%	2714 32%
1958	9002	5798 64,5%	3204 35,5%
1959	9633	5941 62%	3692 38%
1960	9104	5766 63%	3438 37%
1961	8679	5361 61,5%	3318 38,5%
1962	7927	4573 57,5%	3354 42,5%
1963	6839	3751 55%	3088 45%

S. 16—18 **Einf. V** **Lfd. Nr. 22**

Literatur: Die folgende Darstellung neuer Veröffentlichungen ist eine Ergänzung des Abschnittes „Literatur" (Einf. V) im Kommentar und hält sich deshalb an die **Gliederung des Kommentars.** Wie dort ist die Literatur zu Einzelfragen bei den einzelnen Paragraphen und Abschnitten vermerkt. Neu eingeführt wurde hinter Abschnitt 1g (Jugendrecht der DDR) ein Abschnitt „Jugendrecht international", ein Abschnitt 2c (4) über Möglichkeiten der Resozialisierung und am Ende ein Abschnitt 4 „Sonstiges Jugendrecht".

1.) Eigentliches Jugendrecht

a) Kommentare in Loseblatt-Form von Bender (Franz Vahlen GmbH) und Riedel (RS Schulz-München) sind neu erschienen; Dallinger-Lackner haben die 2. Auflage in neuer Form (Kurzkommentar) herausgegeben.

b) Vgl. auch den Leitfaden für Jugendschöffen (lfd. Nr. 82 zu § 35 FN 1).

c) —

d) Sonstiges Schrifttum zum JGG allgemein:

Kohlhaas: Aus der höchstrichterlichen Rechtsprechung für Jugendsachen, UJ 64/496, 65/163; Kowohl: Junge Menschen vor Gericht (2. Lehrgang der V. Gollance-Akademie für Jugendhilfe) RdJ 65/21 (darüber auch Ullrich UJ 65/38); Luther und Bein: Die erzieherische Wirksamkeit des Jugendstrafverfahrens erhöhen, Jugendhilfe 64/255; Schnitzerling: Jugendrechtliche Fälle (Luchterhand „Jugend im Blickpunkt"); Schnitzerling: Aktuelle Rechtsprechung zum JGG, UJ 65/31; Schnitzerling: Das Verkehrsdelikt des Jugendlichen und Heranwachsenden in der Rechtsprechung, DAR 66/38; Schütz: 10 Jahre Jugendgerichtsgesetz, UJ 64/401; Weitl: Die dogmatischen Grundlagen des geltenden deutschen Jugendstrafrechts . . ., Diss. München 1965.

Demnächst erscheint als Band 3612 der Wissenschaftlichen Buchgesellschaft Darmstadt (Wege der Forschung LXVI) ein Band über Jugendrecht.

e) —

f) Rechtsreform: Becker: In welcher Hinsicht sollten unsere Jugendgesetze erneuert werden, ZBl. 64/221; Lehmann: Reform des Jugendgerichtsgesetzes, UJ 65/34; Peters: Tendenzen der Jugendstrafrechtsreform, UJ 65/289; Schriften der Arbeiterwohlfahrt Nr. 17: Der junge Mensch vor Gericht; Berichte vom 13. deutschen Jugendgerichtstag, ZBl. 65/259, JZ 65/778, UJ 65/558, NJW 65/2336, Zeitschrift für das Fürsorgewesen 65/341, Nachrichtendienst des deutschen Vereins für öffentliche und private Fürsorge 65/416; MKrim 66 (49)/63; Generalreferat Peters MKrim 66 (49)/49.

Habscheid: Familiengerichte in Deutschland, Juristisches Jahrbuch Band 5; Körner: Jugendgericht, Familiengericht, Österreichische Juristenzeitung 64/288.

g) Jugendrecht der DDR: Studien zur Jugendkriminalität 1965, herausgegeben vom Amt für Jugendfragen beim Ministerrat der DDR. Hennig: Kriminelle Gruppen Jugendlicher, Neue Justiz 65/734; Redlich: Sozialverhalten und Kriminalität weiblicher Jugendlicher, Neue Justiz 65/537; Schlegel: Zur gesellschaftlichen Wirksamkeit des Jugendstrafverfahrens Neue Justiz 65/530; Schlegel: Zur Anwendung der bedingten Verurteilung, Neue Justiz 64/459; Streit: Die weiteren Aufgaben bei der Verhütung und Bekämpfung der Jugendkriminalität, Neue Justiz 65/344.

Jugendrecht international: Grobe: Die heutigen Maßnahmen gegen die Jugendkriminalität in Schweden, UJ 64/371; Halbwirth: Die Jugendkriminalität in den USA, Kriminalistik 65/332; Scheunemann: Zur internationalen Jugendkriminalrechtspflege, RdJ 64/279; Schmideberg: Jugendkriminalität in den USA (übersetzt von Blau), RdJ 64/276.

2.) Jugendkriminologie

Zur Zeit erscheint das Handwörterbuch der Kriminologie, begründet von Elster und Lingemann, in 2. Aufl. herausgegeben von Sieverts, 1965 de Gruyter.

a) Schüler-Springorum/Sieverts: Sozial auffällige Jugendliche (mit Literaturdokumentation), Band 5 der unter 4 erwähnten Schriftenreihe des deutschen Jugendinstitutes; Suttinger: Ursachen und Funktionen des Verbrechens, BewH. 65/3.

b) Becker: Selbstmorde im Jugendalter, Medizinische Klinik 65/226; Becker: Bedrohliche Jugendkriminalität?, Die Polizei 1965/136; Büttner: „Ich hatte Lust dazu", UJ 65/314; Klüwer: Dissoziale Jugendliche in der Industriegesellschaft, Praxis der Kinderpsychologie 1965 H 4; Kühling: Rückfalluntersuchungen an jungen Rechtsbrechern, MKrim 65 (48)/289; Schaffstein und Marcus in lfd. Nr. 10; Sieverts: Die Entwicklung der Jugendkriminalität in der BRD und Warum steigt die Jugendkriminalität, Deutsche Jugend 1960 S. 253 und 464; Streit: Zur Verhütung und Bekämpfung der Jugendkriminalität, Jugendhilfe 64/157.

c) (1) —

(2) Kluge: Entwurzelung und Entwicklung, MKrim 65 (48)/H 5.

(3) Baumgarten-Tramer: Kriminalität und Berufswahl (Nichtberücksichtigung der Berufsneigung als Ursache der Kriminalität), MKrim 65 (48)/253; Binschus: Bericht über einen minderjährigen Exhibitionisten, UJ 64/164; Eberhardt: Zur Kriminologie jugendlicher Vermögenstäter, Diss. Hamburg 1965; Fiedler: Eigentumsdelikte Minderjähriger aus kriminologischer Sicht, Die Polizei 65/184; Frischmann: Die Verkehrsunfallflucht jugendlicher und heranwachsender Täter im Landgerichtsbezirk Hamburg in den Jahren 1961 und 1962, Diss. Hamburg 1965; Fürstenhagen: Der junge Verkehrssünder, Kraftfahrt und Verkehrsrecht 65/146; Jeckeln: Kraftfahrzeugdiebstahl Minderjähriger (245 in Hamburg 1954—1965 abgeurteilte Täter), Diss. Hamburg 1965; Kruse: Der jugendliche Verkehrsteilnehmer, Ursachen seines Fehlverhaltens und Notwendigkeit seiner Erziehung, Sondernummer von „Du und der Straßenverkehr“; Matthes: Jugendliche Verkehrstäter vor dem Jugendgericht (470 1961 in Hamburg abgeurteilte Probanden), Diss. Hamburg 1965; Mrowka: Verkehrsdelikte Minderjähriger UJ 64/367; Schlupp und Vogel: Lehrlingsdiebstähle, UJ 64/50 und UJ 64/425 (zur sittl. Gefährdung der Lehrlinge allgemein Weber, UJ 64/369); Schröder: Intelligenzniveau, -profil und -struktur von jugendlichen Vermögenstätern, Diss. Hamburg 1964 (vgl. Lehmann UJ 65/415); Ullrich: „Prosit“ in der Jugendpflege (Alkohol und Kriminalität), ZBl. 66/34; Winkler: Der jugendliche Streuner, JWohl 1963 H 11 u. 12; Witter: Über jugendliche Totschläger und Mörder, Die Neue Polizei 65/178; Zullinger: Über jugendliche Diebe und die Psychologie ihrer Straffälligkeit, Zeitschrift für den Strafvollzug 65/3. — Ullrich: Jugendkriminalität und Alkohol, Kriminalistik Mai 1966.

(4) Göppinger: Möglichkeiten und Grenzen einer Resozialisierung mit Mitteln der Psychiatrie, Psychologie und Psychotherapie, BewH 64/244; Munkwitz: Psychologische Untersuchungen über die Lebensbewährung krimineller Jugendlicher, RdJ 1964 H 11 u. 12.

d) Philip: Über kriminelle Jugendgruppen, MKrim 64 (47)/213; Staub: Ursachen und Erscheinungsformen bei der Bildung jugendlicher Banden, Diss. Zürich, Züricher Beiträge zur Rechtswissenschaft, NF H 252; Ullrich: Bandenmäßig von Jugendlichen ausgeübte Notzucht, UJ 64/136 (vgl. auch Muchow UJ 64/45 und Wagner UJ 64/230).

3. Kriminalpädagogik, Psychiatrie, Psychologie, Soziologie

a) Muchow: Flegeljahre (Beiträge zur Psychologie und Pädagogik der Vorpubertät) 3. Aufl. 1964 Ravensburg.

b) Schneider: Psychosomatische Störungen und delinquentes Verhalten im Kindes- und Jugendalter, RdJ 65/93.

c) Gilen: Das Gewissen bei Fünfzehnjährigen (psychologische Untersuchung), Aschendorf 1965; Künzel: Jugendkriminalität und Verwahrlosung; ihre Entstehung und Therapie in tiefenpsychologischer Sicht, Beiheft zur „Praxis der Kinderpsychologie und Kinderpsychiatrie“ 1965 Heft 7.

d) Lückert: Beiträge zur Psychologie der Gegenwartsjugend (Reinhardt, 1965).

e) Jugend in der modernen Gesellschaft, herausgegeben von v. Friedeburg (Neue wissenschaftliche Bibliothek, Soziologie Band 5); Wurzbacher: Gesellungsform der Jugend (Band 1 des „Überblickes zur wissenschaftlichen Jugendkunde“; s. unten 4).

4. Sonstiges Jugendrecht:

Bericht über die Lage der Jugend und die Bestrebungen auf dem Gebiet der Jugendhilfe gem. § 25 II JWG, 1965 herausgegeben vom Bundesministerium für Familie und Jugend (kritisch dazu u. a. Mehringer, UJ 65/530; Muchow, UJ 65/481); Handbuch des gesamten Jugendrechts (Loseblatt bei Luchterhand); Hinrichsen: Die Gesetzgebung auf dem Gebiete des Jugendrechts und der Jugendhilfe, UJ 64/128, 319, 514; 65/37, 177, 367, 513; Jans-Happe: Handbuch für die Jugendhilfe (Vorschriftensammlung bei Kohlhammer 1964); Jugend im Blickpunkt (Schriftenreihe bei Luchterhand); Lassig: ABC des Jugendrechts, Goldmann-Taschenbuch 1371; Überblick über die wissenschaftliche Jugendkunde (Juventa), Schriftenreihe des Deutschen Jugendinstitutes München als Bestandsaufnahme des derzeitigen Wissens.

S. 20 **§ 1 Anm. 1a (2) aE** **Lfd. Nr. 23**
nach Zeile 14

Gegen Kinder können entspr. § 1 Abs. III JGG **Ordnungsstrafen nicht** verhängt werden, mangels gesetzlicher Regelung auch nicht gegen ihre Eltern, die das Erscheinen vor Gericht untersagen (OLG Hamm NJW 65/1613 JMBl. NRW 65/239, Skupin, MDR 65/865ff.); hier kann nur der Vormundschaftsrichter helfen (Skupin a. a. O.). **Ordnungsstrafen gegen Jugendliche** sind nur bei Strafmündigkeit gem. § 3 JGG zulässig (Skupin a. a. O.).

S. 20 **§ 1 A 1 b Satz 1** **Lfd. Nr. 24**
Zeile 16

Literatur: Potrykus: Angeklagte der US-Streitkräfte vor deutschen Gerichten, RdJ 65/162 (betrifft nur Jugendliche).

S. 20 **§ 1 A 1 b aE** **Lfd. Nr. 25**
4. Textzeile von unten

Es **widerspricht den Grundsätzen** unseres Rechts, **wenn** ein 18½ jähriger in der DDR, wo nach dem JGG vom 23. 5. 52 **jeder Heranwachsende strafrechtlich voll verantwortlich** ist, **ohne jede Prüfung** seiner Entwicklung nach Erwachsenenrecht zu Gefängnis verurteilt wird, besonders wenn die Tat in der Pubertät nach alkoholischer Enthemmung begangen wurde. Denn die Ausgestaltung des Rechts der Heranwachsenden (§§ 105ff. JGG) gehört zu den Grundgedanken unseres Jugendrechts, die auf der durch wissenschaftliche Untersuchungen bestätigten Erfahrung beruht, daß ein 18—20 jähriger in seiner Verantwortlichkeit nicht allgemein einem Erwachsenen gleichgestellt werden kann. Eine solche Vorstrafe zwingt nicht zur Versagung der Strafaussetzung zur Bewährung gem. § 23 Abs. III Nr. 3 StGB, kann aber gem. § 23 Abs. II StGB dazu führen (BGH 20/5, 12f.).

S. 21 **§ 1 A 2a (1) aE** **Lfd. Nr. 26**
Zeile 14

Auch wenn der Vorsatz des **nur im strafunmündigen Alter tätig gewordenen Gehilfen** schon alle Handlungen der Täter umfaßt, die erst nach Vollendung seines 14. Lebensjahres ausgeführt werden sollen, kann er strafrechtlich **nicht verantwortlich** gemacht werden. Die Grundsätze, die die Rechtsprechung für die Verjährung entwickelt hat (s. BGH 20/227) können nicht übertragen werden. Denn bei der Verjährung geht es um die Frage, wann die Handlung beendet ist, für die der Täter verantwortlich ist, hier dagegen kommt es entscheidend darauf an, ob der Täter für sein Handeln strafrechtlich verantwortlich gemacht werden kann.

S. 22 **§ 1 A 3b aE** **Lfd. Nr. 27**
letzte Textzeile

Stellt der Staatsanwalt gem. § 1 Abs. III JGG das Verfahren ein, weil der Täter **noch nicht 14 Jahre alt** war, ist ein **Klageerzwingungsverfahren** gem. § 172 Abs. II StPO **nur** möglich, wenn Zweifel bestehen, ob der Täter zur Zeit der Tat schon 14 Jahre alt war. Sonst ist sicher, daß eine Strafverfolgung nicht stattfinden kann; wie bei unbekannten Tätern (Schwarz-Kleinknecht § 171 StPO Anm. 4) ist auch hier der verletzte Anzeigeerstatter nur formlos von der Einstellung zu benachrichtigen. Nur im 1. Fall ist Zustellung mit Rechtsmittelbelehrung geboten.

S. 22 **§ 1 FN 3a** **Lfd. Nr. 28**

Literatur: Grünwald: Die Frage der Nichtigkeit von Strafurteilen, ZStW 64 (76)/250.

S. 22 **§ 1 FN 4a** **Lfd. Nr. 29**

Literatur: Dorfmüller: Die Kriminalität der Kinder in der modernen Großstadt, Diss. München 1964.

S. 25 **§ 3** **Lfd. Nr. 30**
zu „§ 3“ vor dem Gesetzestext

Literatur: Gilen: Das Gewissen bei Fünfzehnjährigen (Psychologische Untersuchung), Aschendorff 1965; Oehler: Zur strafrechtlichen Verantwortlichkeit Jugendlicher, Münchener medizinische Wochenschrift 1965/174; Ottinger: Die bedingte strafrechtliche Reife (§§ 3, 105 JGG) in Gerichtliche Psychologie; Schaffstein: Die Jugend-Zurechnungsfähigkeit in ihrem Verhältnis zur allgemeinen Zurechnungsfähigkeit, ZStW 65 (77)/191 (für das künftige Recht wie Bresser gegen § 3 JGG hinsichtlich Zuchtmitteln und Erziehungsmaßregeln); Strunk: § 3 des JGG und der medizinische Sachverständige, MKrim 65 (48) /217(für Beibehaltung des § 3 JGG, aber zurückhaltende Anwendung). — Vgl. auch Bruns lfd. Nr. 37, 32.

S. 28 **§ 3 FN 2** **Lfd. Nr. 31**
Vgl. Schaffstein, lfd. Nr. 30

S. 29 **§ 3 A 4c, aE** **Lfd. Nr. 32**
Zeile 15

Zur **Abgrenzung von Tatbestandsirrtum und Jugend-Zurechnungsunfähigkeit** vgl. Bruns (JZ 64/473ff.): Der natürliche Vorsatz muß alle positiven Merkmale des Tatbestandes umfassen. Nur wenn allein die Schuldfähigkeit fehlt, ist der Täter schuldunfähig. Fehlt es schon am positiven Vorsatz, liegt gar keine strafbare Handlung vor (aus BGH 18/235 erweiternd).

S. 29 **§ 3 A 5b aE** **Lfd. Nr. 33**
11. Zeile von unten

Die **Anordnung der Fürsorgeerziehung gem. § 3 S. 2 JGG** ist eine **jugendrichterliche Entscheidung.** Deshalb gilt hinsichtlich der Voraussetzungen (s. § 12 JGG) und der Anfechtung nicht JWG-FGG, sondern JGG-StPO (Roestel UJ 64/19, 23ff.).

S. 30 **§ 4 A 1a** **Lfd. Nr. 34**

vorletzte Zeile

Auch das schriftliche Einverständnis des Erwachsenenrichters gegenüber dem Jugendrichter, zwei Verfahren zur gemeinsamen Verhandlung vor dem Jugendrichter zu verbinden, unterbricht die **Verfolgungsverjährung** (ObLG 24. 2. 63, 1 St. 61/63 bei Rüth DAR 64/240).

S. 34 **§ 6 Anm. 4g** **Lfd. Nr. 35**

Literatur (allgemein): Warda: Das Fahrverbot gem. § 37 StGB, GA 65/65; Pohlmann: Das Fahrverbot in vollstreckungsrechtlicher Sicht, RPfl. 65/73.

S. 34 **§ 6 FN 2** **Lfd. Nr. 36**

Nach nunmehr herrschender Meinung muß im allgemeinen Recht auf **Eidesunfähigkeit** erkannt werden, wenn Verurteilung wegen Meineids erfolgt, ohne daß dem Art. 1 Abs. I GG noch Art. 3 MRK entgegenstünde (BGH 20/143, KG JR 65/106, OLG Oldenburg NJW 65/505 = NdsRPfl. 65/22 = OLG St. § 161 StGB 1 S. 17, OLG Celle Nds. RPfl. 64/255, OLG Stuttgart Die Justiz 65/92 = OLG St. § 161 StGB 1, S. 9, OLG Hamburg OLG St. § 161 StGB 1 S. 13, Roxin JZ 65/558, kritisch Brauser NJW 65/1088); der 4. Strafsenat des BGH hat seinen auf der gegenteiligen Ansicht beruhenden Vorlagebeschluß (NJW 64/176) zurückgenommen.

BGH 20/34 verbietet aber die Aberkennung der Eidesfähigkeit, wenn die Strafe nach § 51 II StGB gemildert wird, wie auch bei Strafmilderung bei Versuch, Beihilfe, § 49a StGB (aA Roxin a. a. O., BGH 16/71). Roxin a. a. O. will nur die an das Straftilgungsgesetz geknüpften Folgen als gegenstandslos betrachten, soweit sie nicht durch den Zweck der Maßregel gedeckt sind und den gesetzlichen Vorschriften für andere Gefängnisstrafen widersprechen.

Unter Berücksichtigung der Gedanken von Roxin, BGH 20/34, OLG Köln NJW 63/1748, BGH NJW 64/176 und der Regelung über die Eintragung von Erziehungsmaßregeln und Zuchtmitteln in die Erziehungskartei wird man annehmen dürfen, daß die **Eidesunfähigkeit neben Erziehungsmaßregeln und Zuchtmitteln nicht** verhängt werden darf.

S. 34 **§ 7 FN 2** **Lfd. Nr. 37**

Literatur: Schmitz: Die Unterbringung minderjähriger Rechtsbrecher nach § 42b StGB, MKrim 64 (47)/152. — Vgl. auch Bruns: Zur Problematik rausch-, krankheits- und jugendbedingter Willensmängel des schuldunfähigen Täters im Straf-, Sicherungs- und Schadensersatzrecht, JZ 64/473.

S. 40 unten **§ 10 RL 4** **Lfd. Nr. 38**
S. 41 oben

Richtlinie 4 ist geändert (seit 1. 3. 65, vgl. BayJMBl. 65/29) und hat nun folgenden Wortlaut:

Hinsichtlich des Versicherungsschutzes bei Arbeitsauflagen wird auf § 540 der Reichsversicherungsordnung in der Fassung des Unfall-Neuregelungsgesetzes vom 30. April 1963 (BGBl. I S. 241) hingewiesen.

Auf diese Rechtslage wurde im Kommentar schon vor Änderung der Richtlinie hingewiesen (§ 10 FN 1a).

S. 42 **§ 10 A 1b (4) aE** **Lfd. Nr. 39**
Zeile 13

Pfeffer, ein Bewährungshelfer, berichtet in UJ 64/174 sehr positiv über seine Erfahrungen mit **Weisungen** nach Richtlinie 3 zu § 10 JGG, der Unterstellung unter die **Aufsicht einer bestimmten Person.** Hartmann, UJ 64/423, ist wegen der Überlastung der Bewährungshelfer dagegen, daß diese Aufsicht auch dem Bewährungshelfer übertragen wird.

S. 42 **§ 10 A 1b (5)** **Lfd. Nr. 40**
Zeile 16 3. letzte Zeile

Es muß **§ 28** (statt § 29) heißen.

Vgl. auch Noll, Recht und Staat Heft 244 S. 22f. und Graßberger, Österreichische Juristenzeitung 61/173, die selbst beim Strafvollzug nur 1, **höchstens 1½ Jahre für erzieherisch sinnvoll** halten.

S. 43 **§ 10 A 2a (1)** **Lfd. Nr. 41**
Zeile 20 nach Satz 1

Die Auswahl des Heimes, in dem zu wohnen der Jugendliche angewiesen wird, erleichtert das „**Verzeichnis der Erziehungsheime** und Sondereinrichtungen für Minderjährige in der Bundesrepublik Deutschland und Berlin“ des AFET Hannover-Kleefeld von 1964 (7. Auflage).

S. 43 **§ 10 A 2a (2)** **Lfd. Nr. 42**
Zeile 21

Eine **Arbeitsauflage** nach § 10 Abs. I Nr. 4 ist **nur zulässig, wenn** durch sie die Einstellung zur Arbeit beeinflußt werden kann und soll (KG JR 65/29, zustimmend Lackner). Wegen des Versicherungsschutzes s. lfd. Nr. 38.

S. 43 **§ 10 FN 3** **Lfd. Nr. 42a**

Literatur: Winter: Verfassungsrechtliche Grenzen jugendgerichtlicher Erziehungsmaßregeln und Zuchtmittel, Diss. Hamburg 1966; Breiholt: Zulässigkeitsgrenzen strafrechtlicher Bewährungsauflagen ..., Diss. Hamburg 1966.

S. 45 **§ 10 A 2b aE** **Lfd. Nr. 43**
Zeile 2

(15) Zulässig als Weisung ist auch das **Verbot des Umganges** nicht nur mit bestimmten Personen (§ 10 Abs. II Ziff. 5), sondern allgemein mit bestimmten Gruppen; vgl. OLG Hamburg NJW 64/1814 = JR 65/28, GA 65/153, zustimmend Heinitz JR 65/65, Becker ZBl. 65/161, bezüglich des gegen einen nach § 175 StGB verurteilten Erwachsenen erteilten Verbots, fremde Kinder und Jugendliche unter 21 Jahren anzusprechen, mit ihnen Umgang zu pflegen und sie in seine Wohnung mitzunehmen.

S. 45 **§ 10 FN 8** **Lfd. Nr. 44**

Literatur: Krüger: Die psychotherapeutische Behandlung als Auflage und Weisung im Deutschen Strafrecht, Diss. Freiburg 1964.

S. 47 **§ 11 Anm. 2a aE** **Lfd. Nr. 45**
3. Textzeile von unten

Die Verhängung von **Jugendarrest wegen Ungehorsams gegen Weisungen und besondere Pflichten** (§§ 11 Abs. II, 15 Abs. III JGG) kann auch gem. §§ 154 StPO, 47 JGG unterbleiben, z. B. wenn der Jugendliche inzwischen zu einer vollstreckbaren Jugendstrafe verurteilt worden ist; eine solche Einstellung ist auch noch möglich, wenn schon Jugendarrest verhängt, der Beschluß aber noch nicht rechtskräftig ist.

S. 49 **§ 12 Gesetzestext Satz 2** **Lfd. Nr. 46**
Zeile 1

Statt § 57 muß es **§ 56** heißen.

S. 49 **§ 12 A 2a aE** **Lfd. Nr. 47**
16. Zeile von unten

Vgl. die herbe **Kritik an der Erziehungsbeistandschaft** im Bericht ZBl. 65/164: geeignete Erziehungsbeistände sind kaum zu finden; Eltern kommen bei gerichtlicher Anordnung in Opposition. Ähnlich auch — am Rande — Pfeffer, UJ 64/174, 175.

S. 49 **§ 12 A 3a Zeile 1** **Lfd. Nr. 48**
14. Zeile von unten

Literatur: Roestel: Die Fürsorgeerziehung im Jugendstrafverfahren, UJ 64/19; er führt eine Reihe von Beispielen auf, in denen die Anordnung der Fürsorgeerziehung durch den Jugendrichter angebracht ist.

S. 50 **§ 12 A 3b nach S. 2** **Lfd. Nr. 49**
Zeile 6

Literatur: Roestel: (s. lfd. Nr. 48 oben); S. 22f. wendet er sich gegen die Anordnung der vorläufigen Fürsorgeerziehung im Jugendstrafverfahren mit guten Gründen.

S. 56 **§ 16 FN 1** **Lfd. Nr. 50**

Literatur: Gramlich: Möglichkeiten und Grenzen des Jugendarrestes, Kriminologische Untersuchungen Heft 20; Hartenstein: Die Vollstreckungszeiten im Jugendarrest, MKrim 64 (47)/271; Schütze: Besserung durch Jugendarrest UJ 64/76. — Vgl. auch Schütze und Scholz in FN 7 zu § 10, Potrykus FN 1 zu § 90, je im Kommentar, sowie Ullrich und Schütze UJ 64/468, 469.

S. 60 **§ 17 A 1 a Abs. 2 aE** **Lfd. Nr. 51**
8. Zeile von unten

Literatur: Mörcke: Jugendstrafe — ein Erziehungsmittel?, SchlHA 65/153. — Wegen der Jugendstrafe allgemein vgl. auch die Literaturangaben bei lfd. Nr. 155. — Bellon: Anwendungsbereich und Wirksamkeit der bestimmten Jugendstrafe (C. Heymann 1965).

S. 61 **§ 17 A 1 c** **Lfd. Nr. 51a**
Zeile 10 1. Satz

Neuerdings läßt der **BGH** (NJW 66/894) die in BGH 12/129 noch bejahte Frage **offen, ob Jugendstrafe Vorstrafe im Sinne des § 20 Abs. I StGB** sei, und stützt seine Entscheidung, wie im Kommentar gefordert, auf § 20 Abs. II StGB.

S. 61 **§ 17 A 1 c aE** **Lfd. Nr. 52**
Zeile 20

Auch nach der Beseitigung des Strafmakels einer **Jugendstrafe steht** diese der **Strafaussetzung** einer Strafe des allgemeinen Rechts gem. § 23 Abs. III Ziff. 2, 3 StGB **entgegen** (BGH NJW 64/1732 wie lfd. Nr. 166).

S. 62 **§ 17 A 2 a (1)** **Lfd. Nr. 53**
Zeile 6 1. Abs. am Ende

Auch in einer **leichten Straftat** (Diebstahl einer Schallplatte aus einem Automaten; § 51 Abs. II StGB) können sich **schädliche Neigungen** zeigen, wenn frühere gleichartige Straftaten bereits auf schädlichen Neigungen beruhten; denn diese sind dann noch nicht überwunden. Das AG Kiel (ZBl. 65/55) will hier Jugendstrafe verhängen (vgl. aber lfd. Nr. 74). Doch dürfte dem das geringe Gewicht der Tat, also der Grundsatz der **Verhältnismäßigkeit** entgegen stehen (s. lfd. Nr. 3 und 55).

S. 67 **§ 18 A 2 a aE** **Lfd. Nr. 54**
ganz unten

Graßberger (Österreichische Juristenzeitung 61/173) und Noll (Recht und Staat Heft 244 S. 22 f.) halten sogar einen erfolgreichen Erziehungsvollzug nur für die Dauer 1 Jahres, höchstens von 1½ Jahren, für möglich; das ist aber in erster Linie ein Problem vorzeitiger Entlassung (Kommentar s. § 88 A 1 a S. 270, hier lfd. Nr. 153).

Die im Kommentar vertretene Ansicht, daß die **Strafe nicht über das Maß der Schuld** hinausgehen darf, hat verschiedentlich ihre Bestätigung gefunden, z. B.

Noll, Recht und Staat Heft 244 S. 22: „Die Schuld gibt . . . das Höchstmaß der Strafe ... Auch aus Gründen der Spezialprävention muß die Schuld das Höchstmaß der Strafe bilden. **Schuldübersteigende Strafen werden vom Verurteilten nicht verstanden.**" So setzt der Erziehungsgedanke der Strafdauer nicht nur das Mindest-, sondern auch das Höchstmaß (Graßberger, Österreichische Juristenzeitung 1961/173; vgl. Kommentar Einf. II 2a (1) (a) S. 5 oben).

Der BGH (20/232) hat die Anordnung der Unterbringung in einer Heil- oder Pflegeanstalt im Sicherungsverfahren bei geringfügigen Notbetrugstaten nicht zugelassen, weil die Maßnahmen des Strafgerichts nicht gegen den **Grundsatz der Verhältnismäßigkeit** verstoßen dürfen (der BGH will hier das wertneutrale landesrechtlich geregelte Unterbringungsverfahren angewendet wissen).

Der BGH (20/264) lehnt auch die Erhöhung der Strafe aus Sicherungsgründen über das Maß der Schuld bei einem vermindert Zurechnungsfähigen ab, auch wenn zum „Ausgleich" von der zulässigen Unterbringung in einer Heil- oder Pflegeanstalt abgesehen wird.

Vgl. auch AG Kiel lfd. Nr. 71.

Wo man **Erziehungsmaßnahmen über das Maß der Schuld** für notwendig hält, muß man den **Vormundschaftsrichter** einschalten. Will man schlechterdings den Vorrang der Erziehung, muß man das Jugend-Straf-Gericht abschaffen, wie es Peters fordert[1]).

---

[1]) Vgl. Berichte über den 13. Deutschen Jugendgerichtstag, Fundstellen s. lfd. Nr. 22 Abs. 1f.). Danach trug **Peters** im Generalreferat vor (vgl. MKrim 66 (49)/49):

Jugendkriminalrecht muß vom Strafrecht befreit, **zum Jugendkonfliktsrecht** umgestaltet und in ein **allgemeines**, alle Rechtsgebiete umfassendes **Recht der Minderjährigen** einbezogen werden. — Es kommt nur zu Konflikten, weil der Jugendliche bei dem Hereinwachsen in die Sozial- und Rechtsordnung ständig den schlechten Vorbildern der Erwachsenen und dem Bösen ausgesetzt ist. Die formalrechtliche Anwendung der Tatbestände des StGB paßt nicht für Jugendliche. Der Sinn des Jugendstrafverfahrens wird von den Jugendlichen nicht verstanden. Peters stellt folgende **Forderungen** auf:

> Betonung des Erziehungsgedanken im ganzen Jugendrecht, Vorrang der vormundschaftsrichterlichen Maßnahmen, Schaffung eines für jeden Jugendlichen verständl. Verfahrensrechts in der Art des vormundschaftsrichterlichen Verfahrens, Strafmündigkeit erst ab 16 Jahre; Einbeziehung aller Heranwachsender in das Jugendrecht.

Die Forderung auf Einbeziehung der Heranwachsenden in das Jugendrecht ist zu billigen. In allen anderen Fällen widerstreiten die von Peters aufgestellten Forderungen meinen praktischen Erfahrungen: Die Jugendlichen sehen durchaus ein, daß ihre Straftaten Folgen haben; sie werden im Jugendstrafverfahren, wenn es richtig gehandhabt wird, mindestens ebenso angesprochen wie im vormundschaftsrichterlichen Verfahren. Das JGG hält auch stets eine geeignete Maßnahme bereit.

S. 77 | **§ 21 A 2b (1) aE** | **Lfd. Nr. 56**
15. Textzeile von unten | 11. Zeile

Sydow (Erfolg und Mißerfolg der **Strafaussetzung** zur Bewährung, Kriminologische Untersuchungen Heft 13, 1963) hat ermittelt, daß die Strafaussetzung zu $^2/_3$—$^3/_4$ der Fälle mit einem **Mißerfolg** endete, wenn sie angeordnet wurde (a) wegen der wirtschaftlichen Notlage, (b) oder des schweren Schicksals des Täters, (c) wegen des läuternden Einflusses der U-Haft, (d) um dem Täter eine Chance zu geben oder (e) trotz erheblicher Bedenken. Umgekehrt hatten $^2/_3$ der Strafaussetzungen, die aus den folgenden Gründen bewilligt wurden, **Erfolg** (a) weil keine oder nur geringe Vorstrafen vorlagen, (b) weil gute Führung oder ein arbeitsames Leben festgestellt werden konnte oder (c) weil der Täter den Schaden wiedergutgemacht hatte oder mindestens dazu bereit war.

S. 77 | **§ 21 A 2b aE** | **Lfd. Nr. 57**
4. Text-Zeile von unten

(3) Das Gesetz fordert, daß ein **rechtschaffener Lebenswandel** zu erwarten sei. Die Meinung des BGH 20/203 zum allgemeinen Recht („gesetzmäßiges und geordnetes Leben"), daß eine soziale Einordnung ohne Verstoß gegen Strafgesetze für die Strafaussetzung genüge, also diese auch einer Dirne gewährt werden könne, dürfte bei dem unterschiedlichen Gesetzeswortlaut nicht auf das Jugendrecht zu übertragen sein (vgl. auch OLG Hamm MDR 64/775, das auch für das allgemeine Recht bei einer den sittlichen Anschauungen und der sozialen Ordnung zuwiderlaufenden Lebensweise und Erwerbstätigkeit Strafaussetzung nicht gewährt). — Das AG Kiel (ZBl. 65/55) hält es für sinnvoll, eine neue Jugendstrafe neben einer schon bestehenden wieder zur Bewährung auszusetzen, wenn es sich um eine leichte Straftat handelt; in diesem Falle dürfte meist Jugendstrafe nicht gerechtfertigt sein (s. lfd. Nr. 53).

S. 78 | **§ 21 A 3a aE** | **Lfd. Nr. 57a**
Zeile 8

Das OLG Düsseldorf (VRS 30/175) widerspricht der Ansicht, die allgemeine Rechtsüberzeugung fordere bei **Trunkenheitsdelikten junger Menschen** im Straßenverkehr — anders als bei Erwachsenen — nicht die zum Schutz der Öffentlichkeit gebotene **Vollstreckung** erkannter Freiheitsstrafen. Dem OLG mag bei Anwendung allgemeinen Rechts zugestimmt sein. Bei der Anwendung von Jugendrecht zwingt aber § 21 JGG — entgegen § 23 Abs. III Ziff. 1 StGB — auch bei entgegenstehendem öffentlichen Interesse nicht zur Versagung der **Strafaussetzung;** hier ist vielmehr ein Interessenausgleich geboten, bei dem die erzieherischen Belange erhebliches Gewicht haben.

S. 79 | **§ 22 A 2b** | **Lfd. Nr. 58**
Zeile 13

Im Gegensatz zum Kommentar hält OLG Oldenburg (NJW 64/2434 = Nds. Rpfl. 64/281) eine **Verlängerung der Bewährungszeit** auch nach ihrem Ablauf für möglich, wenn über den Erlaß noch nicht entschieden und noch keine unverhältnismäßig lange Zeit verstrichen ist, weil dann auch noch der Widerruf möglich, die Verlängerung weniger einschneidend und die Entscheidung über Verlängerung oder Widerruf auf Grund derselben Prüfung zu treffen sei.

Dem widerspricht, gestützt auf den klaren Gesetzestext, zu Recht und unter Zustimmung von Pentz das AG Aachen (NJW 65/925), weil es ein Trugschluß sei, daß die Verlängerung den Widerruf erspare: wo Widerruf geboten sei, habe er zu erfolgen; die Verlängerung diene nur dazu, dieser Frage auszuweichen. Dazu kommt, daß die Verlängerung einen Widerruf wegen späteren Fehlverhaltens ermöglicht, der im Zeitpunkt der Entscheidung nicht möglich gewesen wäre.

S. 80 — § 23 A 2a aE — Lfd. Nr. 59

Zeile 13

Oft sind **Auflagen** angezeigt, die die Durchführung der **Bewährungsaufsicht erleichtern,** ja eine sinnvolle Betreuung häufig erst ermöglichen, etwa die Verpflichtung (1) den Vorladungen des Bewährungshelfers zur Sprechstunde Folge zu leisten, oder (2) Wohnsitz oder Arbeitsplatz nur nach vorheriger Genehmigung durch den Bewährungshelfer zu wechseln und einen solchen Wechsel unverzüglich dem Gericht mitzuteilen.

S. 82 — § 25 FN 1 — Lfd. Nr. 60

Literatur zu den Pflichten und der Amtsführung des Bewährungshelfers:

a) Allgemein: Bang: Der psychologische Aspekt in der Bewährungshilfe (in Gerichtliche Psychologie); Jung: Bewährungshelfer und Bewährungshilfe (Psychologische Praxis Heft 36); Vins: Was erwartet der Jugendrichter ... vom Bewährungshelfer, RdJ 63 H 21. — Abel: Zusammenarbeit zwischen Polizei und Bewährungshelfer, BewH 64/179.

b) Baumann: Zivil- und verwaltungsrechtliche Fragen in der Bewährungshilfe, BewH 65/264; Bull: Zivilrechtliche Fundamente der Bewährung, BewH 65/254; Dorsch: Die harte Tour in der Bewährungshilfe, BewH 65/293; Dworschak: Die Beziehungen des Helfers zum Verwahrlosten, BewH 65/241; Wilpert: Notwendige Voraussetzungen für eine wirksamere Straffälligenhilfe, BewH 64/303. — Nauchbauer: Diagnose und Prognose in der Bewährungshilfe — Aufgabenstellung und Methode —, Bew. H. 66/75; vgl. auch lfd. Nr. 94.

c) Fietze: Bewährungshilfe bei Angehörigen der Bundeswehr, BewH 65/273; Heine: Proband in der Bundeswehr, BewH 65/288.

S. 84 — § 25 A 2 aE — Lfd. Nr. 61

4. Textzeile von unten

d) Zum **Verteidiger** kann der **Bewährungshelfer nicht** bestellt werden, selbst wenn er die erste juristische Staatsprüfung abgelegt hat (BGH 20/95). Die Bestellung zum **Beistand** (§ 69; s. dort) wird meist zur Vermeidung erzieherischer Nachteile unterbleiben.

S. 85 — § 25 FN 3 — Lfd. Nr. 62

Ob sich der **Bewährungshelfer** den **Zutritt zum Probanden** auch gegen den Willen des Inhabers des Hausrechts erzwingen darf, ist nicht unbestritten (im Kommentar noch:

ja). In einem Runderlaß vom 30. 11. 1964 verneinen Kultus- und Innenminister Niedersachsens das Selbsthilferecht bei dem ähnlichen Fall des § 33 Abs. I JWG und halten nur die Polizei zur Anwendung unmittelbaren Zwanges für berechtigt (ZBl. 65/135).

S. 87 **§ 26 FN 1** **Lfd. Nr. 63**

Das OLG Hamm (MDR 66/165) will die **Zeit, innerhalb derer der Widerruf** der Entlassung (gleiches gilt für die Strafaussetzung) zur Bewährung **zulässig ist,** auf höchstens 6 Monate seit Ablauf der Bewährungszeit oder Rechtskraft der Verurteilung wegen einer in der Bewährungszeit begangenen Tat begrenzen. Eine solche „Billigkeitsentscheidung" findet im Gesetz keine Stütze: wo die Voraussetzungen für den Widerruf vorliegen, muß widerrufen werden. Der staatliche Strafanspruch kann nur verjähren, darüber hinaus aber nicht verwirkt werden. Unbilligkeiten können durch einen Gnadenerweis beseitigt werden

S. 88 **§ 26 A 1 b (4) aE** **Lfd. Nr. 64**
Zeile 13

Daß das in den Verurteilten gesetzte **Vertrauen nicht gerechtfertigt** war, kann sich nur aus Umständen ergeben, für die er die **Verantwortung** trägt (KG JR 65/234 = OLG St. § 25 StGB 1, S. 9 für das allgemeine Recht; ebenso Kommentar).

S. 88 **§ 26 A 1 c (1) aE** **Lfd. Nr. 65**
6. Text-Zeile von unten

Bei der Entscheidung, **ob die Strafaussetzung widerrufen** wird, sind eine positive Entwicklung nach Ablauf der Bewährungszeit (OLG Braunschweig mit zust. Anm. Dreher NJW 64/1581 für das allg. Recht), aber auch — soweit es um schuldhafte Verstöße geht — eine verminderte Zurechnungsfähigkeit und entwicklungsbedingte Schwierigkeiten (OLG Braunschweig, bedenklicher Dreher, a. a. O.) zu berücksichtigen; denn widerrufen wird nur, wenn andere Maßnahmen nicht ausreichen (Subsidiarität; vgl. Kommentar).

S. 88 **§ 26 FN 2** **Lfd. Nr. 66**

Die Verhängung von Jugendarrest wegen Ungehorsams gegen Bewährungsauflagen gem. §§ 11 Abs. II, 15 Abs. III JGG halten auch Martin (Anm. in LM § 8 JGG Nr. 2) und Bender, § 26 JGG Anm. 14 für zulässig. Diese Ansicht hat sich also allgemein durchgesetzt.

S. 89 **§ 26 FN 3** **Lfd. Nr. 67**

§ 14 Abs. II Strafvollstreckungsordnung, der die **Vollstreckung** aus Urteilen, bei denen die gewährte Strafaussetzung widerrufen war, auch **vor Rechtskraft des Widerrufsbeschlusses** zuließ, ist seit 1. 7. 1965 ersatzlos gestrichen. Theuerkauf MDR 65/179 hält mit OLG Karlsruhe die Strafvollstreckung vor Rechtskraft des Widerrufsbeschlusses für unzulässig, Kaiser NJW 64/1946ff. vertrat auf dem Boden des § 14 Abs. II Strafvollstreckungsordnung die gegenteilige Meinung. Hier sollte der Gesetzgeber endlich Klarheit schaffen und eine Vollstreckung vor Rechtskraft der Widerrufsbeschlüsse untersagen. Nach Hanack (JZ 66/43) ist eine Vollstreckung vor Rechtskraft des Widerrufsbeschlusses unzulässig, eine öffentliche Zustellung im Regelfall ausgeschlossen.

S. 94 **§ 27 A 5 aE** **Lfd. Nr. 68**
Zeile 20

Zur Wiederaufnahme der Entscheidung nach § 27 JGG vgl. lfd. Nr. 119.

S. 96 **§ 30 A 1 aE** **Lfd. Nr. 69**
7. Text-Zeile von unten

d) Dagegen kann **wegen Ungehorsams** gegen Weisungen und besondere Pflichten, die als Bewährungsauflagen gem. § 29 JGG angeordnet wurden, auch hier aus den bei § 26 Anm. 1c (1) mit FN 2 dargelegten Gründen gem. §§ 11 Abs. II, 15 Abs. III JGG **Jugendarrest** verhängt werden. Dieses Eingreifen ist oft bei erheblicheren Verstößen geboten, wenn die Verhängung der vorbehaltenen Jugendstrafe nicht angezeigt ist (s. Anm. 4a). Eine Anrechnung dieses Jugendarrestes auf eine später verhängte Jugendstrafe (vgl. Anm. 4d aE) ist nicht möglich, da er nur die Reaktion auf den Ungehorsam, nicht auf die abgeurteilte Tat ist (s. § 11 Anm. 2a).

S. 97 **§ 30 A 4b** **Lfd. Nr. 70**
16. Zeile von unten vorletzter Satz

War die Entscheidung über die Verhängung einer Jugendstrafe gem. § 27 JGG zur Bewährung ausgesetzt, darf gem. § 30 Abs. II S. 2 JGG eine **Jugendstrafe im Nachverfahren auch dann nicht zur Bewährung ausgesetzt** werden, wenn sie wegen der jener Verurteilung zugrunde liegender Taten und wegen Taten verhängt wird, die nach Rechtskraft der früheren Entscheidung begangen sind; denn der Täter kann nicht dadurch besser gestellt werden, daß noch weitere Taten gem. § 31 JGG mit abgeurteilt werden. In der neuen Verhandlung kann **aber erneut nach § 27 JGG** mit neu beginnender Sperrfrist entschieden werden; denn die neuen Maßnahmen dürfen nur nicht milder sein [Kommentar § 31 JGG Anm. 4b (2)].

Dagegen ist bei Taten, die vor dem Urteil mit der Aussetzung der Verhängung einer Jugendstrafe gem. § 27 JGG begangen sind, im Falle der Einheitsstrafenbildung gem. § 31 JGG die Verhängung einer Jugendstrafe mit Bewährung möglich, da diese auch bei einer gemeinsamen Verhandlung aller Taten an Stelle der Entscheidung gem. § 27 JGG hätte ergehen können.

S. 97 **§ 30 A 4b aE** **Lfd. Nr. 70a**
11. Zeile von unten

Stellt sich heraus, daß der **Schuldspruch unrichtig** ist, weil bei richtiger Auslegung eine Strafvorschrift nicht verletzt ist, wird im allgemeinen Recht zunehmend auf eine sehr niedere Strafe ausgewichen (OLG Zweibrücken NJW 66/1086, Baumann NJW 66/1055). Im Jugendrecht wird man bei Anwendung dieser Grundsätze **im Nachverfahren** die Verhängung einer **Jugendstrafe ablehnen** müssen (vgl. § 17 Abs. I JGG: schädliche Neigungen, „die in der Tat hervorgetreten sind"; Jugendstrafe ist dann kein geeignetes Mittel!); damit aber wäre die vom Gesetzgeber gewollte Bindung an den Schuldspruch aufgehoben, ein wenig befriedigendes Ergebnis. Man wird eine solche Auslegung auf offensichtlich (entspr. § 349 Abs. II StPO) unrichtige Schuldsprüche beschränken müssen.

S. 97 **§ 30 A 4c aE** **Lfd. Nr. 71**
7. Zeile von unten

Auch bei der **im Nachverfahren** festgesetzten Jugendstrafe dürfen das **Gewicht der Tat und die Schwere der Schuld** (s. Kommentar §§ 18 A 3d (1), 19 A 1 b (2) sowie Einf. II 2) **nicht unbeachtet** bleiben. Deshalb ist Jugendstrafe von unbestimmter Dauer (geringstes Höchstmaß 2 Jahre 6 Monate) regelmäßig nicht gerechtfertigt, wenn in der Bewährungszeit nur eine Straftat geringen Gewichts begangen wurde (AG Kiel ZBl. 64/177).

S. 101 **§ 31 A 4b (2) aE** **Lfd. Nr. 72**
Zeile 5

Auch § 30 Abs. I S. 2 JGG ist zu beachten (vgl. näher lfd. Nr. 70).

S. 101 **§ 31 A 4b (3) aE** **Lfd. Nr. 73**
Zeile 15

Wegen der **Berechnung** nach Einbeziehung einer Jugendstrafe gem. § 31 JGG vgl. Krauss NJW 65/1167: Bei Einbeziehung läuft der Strafvollzug weiter. War der Verurteilte nach Teilvollzug aus dem einbezogenen Urteil bis zu dem einbeziehenden Urteil in Freiheit, liegt eine Strafunterbrechung vor; es gilt § 40 Strafvollstreckungsordnung.

S. 103 **§ 31 A 5b (6) aE** **Lfd. Nr. 74**
Zeile 6

Das AG Kiel (ZBl. 65/55) will sogar eine neue Jugendstrafe mit Strafaussetzung neben eine bereits bestehende treten lassen, also **von einer Einbeziehung absehen, wenn** eine neue gleichartige, aber leichte Tat abzuurteilen ist (dazu s. lfd. Nr. 53).

S. 104 **§ 32 A 1c aE** **Lfd. Nr. 75**
3. Text-Zeile von unten

Die **Abwägung des Schwergewichts** unterliegt dem **Ermessen des Tatrichters** und ist der Nachprüfung durch das Revisionsgericht grundsätzlich verschlossen. Die Revision kann innerhalb der Straffrage nicht auf die fehlerhafte Zuordnung gem. §§ 105, 32 JGG beschränkt werden; eine **fehlerhafte Zuordnung betrifft die Straffrage insgesamt** (BGH 2. 4. 1963, 5 StR 83/63 bei Herlan GA 64/135; vgl. Kommentar § 105 A 4 d).

S. 105 **§ 32 FN 2** **Lfd. Nr. 76**

Das LG Braunschweig, MDR 65/594 läßt eine **Gesamtstrafenbildung aus Jugend- und Gefängnisstrafe** gem. § 79 StGB zu, wenn die Jugendstrafe gem. § 92 Abs. II JGG wie eine Gefängnisstrafe vollzogen wird. Doch befriedigt diese Teillösung wenig, da die Voraussetzung (Vollzug der Jugendstrafe im Gefängnis) bei der Entscheidung nur ausnahmsweise vorliegt. Zudem ergibt sich bei der Bildung einer Gesamtgefängnisstrafe ohne Rücksicht auf den Grundsatz des § 32 JGG eine Unbilligkeit, weil die Entlassung aus der Jugendstrafe, auch wenn sie wie eine Gefängnisstrafe vollzogen wird, schon nach ⅓ der Strafzeit möglich ist.

S. 106 **§ 33 Vorb. 2 hinter c)** **Lfd. Nr. 77**
Zeile 7

Das **allgemeine Recht** kommt **ergänzend** (§ 2 JGG) in Betracht:

d) für den Begriff des **gesetzlichen Richters** (nicht nur Spruchkörper, sondern auch der im Einzelfall berufene Richter) entspr. BVerfG E 17/294 und E 18/344.

e) für die **Ordnung in der Verhandlung** (Sitzungspolizei, §§ 176ff. GVG). **Keine Ungebühr** im Sinne des § 178 GVG stellt es dar, wenn der Angeklagte mit einer **Beatle-**Haartracht vor Gericht erscheint; denn eine solche Frisur zu tragen, ist sein Recht. Anders wäre es, wenn der Angeklagte durch Aufsetzen einer Perücke gerade für die Sitzung das Gericht bewußt provozierte. KG JR 66/73.

Anders für den Strafvollzug OLG Frankfurt JR 64/393; vgl. lfd. Nr. 156.

S. 107 **§ 33 A 1b aE** **Lfd. Nr. 78**
3. Textzeile von unten

Die **Sitzungstage** und die **Reihenfolge der** daran teilnehmenden **Schöffen** können **nachträglich geändert** werden, **wenn** wegen fehlerhafter Festsetzung der Sitzungstage und falscher Auslosung der Schöffen eine Neuregelung unumgänglich ist (OLG Koblenz NJW 65/546).

S. 108 **§ 33 A 2** **Lfd. Nr. 78a**
7./6. Textzeile von unten

d) Sind **im Geschäftsverteilungsplan** eines mit mehreren Richtern besetzten Gerichts **die Jugendgerichtssachen nicht erwähnt,** müssen diese als nicht verteilt angesehen werden. Es besteht also an diesem Gericht kein Jugendgericht, weshalb ein hier abgeurteilter Jugendlicher seinem gesetzlichen Richter entzogen ist (OLG Saarbrücken NJW 66/1041). — Wegen der Folgen s. lfd. Nr. 80 und Kommentar § 33 Anm. 3a!

S. 110 **§ 33 FN 14a** **Lfd. Nr. 79**
Vgl. lfd. Nr. 80.

S. 111 **§ 33 A 3a (2) (b), (c)** **Lfd. Nr. 80**
Absatz 1 und 3

Das Bayerische Oberste Landesgericht (64/91) hat sich der hier vertretenen Meinung angeschlossen, das **Urteil eines nicht zuständigen Erwachsenenrichters gegen Jugendliche und Heranwachsende** auch **ohne** entsprechende **Rüge aufgehoben** und das Verfahren an den Jugendrichter zurückverwiesen. Es hat bewußt an der bisherigen Rechtsprechung festgehalten und sich nicht an die Entscheidung des großen Senats des BGH (18/79) gebunden gefühlt, weil der vom Bundesgerichtshof entschiedene Fall das Urteil eines Jugendrichters gegen einen Erwachsenen betraf. — Ebenso wie ObLG auch OLG Saarbrücken NJW 66/1041.

Auch das Kammergericht (NJW 64/2437) verlangt, daß das **allgemeine Gericht** die Eröffnung eines **Verfahrens gegen Jugendliche und Heranwachsende** wegen **Unzuständigkeit** ablehnt, wenn die mit dem Verfahren gegen Erwachsene bestehende Verbindung aufgehoben ist und das Jugendgericht das Verfahren nicht übernommen hat (von einer Zustimmung der Staatsanwaltschaft zur Übernahme durch das Jugendgericht, wie das ObLG — Kommentar § 33 FN 16! — sie verlangt, spricht das KG nicht). Denn eine **Vorlage an das OLG ist nicht möglich,** da §§ 14, 19 StPO nur für den Streit über die örtliche Zuständigkeit gelten, nicht aber für die Zuständigkeitsregelung zwischen verschiedenen Abteilungen desselben Gerichts. Nach KG JR 64/470 kann das gemeinschaftliche obere Gericht [dazu Kommentar § 42 A 4a (1) (b)] in solchen Fällen erst angerufen werden, wenn alle zuständigen Gerichte ihre Zuständigkeit rechtskräftig verneint haben (Ausfüllung einer Gesetzeslücke). — Vgl. auch Kommentar § 103 Anm. 4a (1), (2) und FN 2.

S. 112 **§ 33 A 3 aE** **Lfd. Nr. 81**
7. Text-Zeile von unten

f) Im **Sicherungsverfahren** (§§ 429a ff. StPO) gegen Jugendliche entscheidet das Jugendschöffengericht [s. Kommentar § 41 JGG Anm. 2d (2)]. Auch im **objektiven Verfahren** gem. §§ 430 ff. StPO ist das Jugendgericht zuständig, wenn es im „Fall der Verfolgung einer bestimmten Person" zuständig wäre (zweifelhaft; aber so wohl gem. Gesetzeswortlaut und ohne Nachteil).

S. 114 **§ 34 A 1b (2) aE** **Lfd. Nr. 81a**
Zeile 25

Der mit der Einrichtung von Jugendgerichten verfolgte Zweck der Förderung des Erziehungsgedankens hindert nicht, bei der Geschäftsverteilung (besonders an kleinen

Gerichten) **Jugendstrafsachen und allgemeine Strafsachen einer Kammer** (BGH NJW 66/1037) oder einem Jugendrichter zuzuweisen.

S. 114 **§ 35 FN 1** **Lfd. Nr. 82**

Literatur: Boedeker: Leitfaden für Jugendschöffen (Deutsche Vereinigung für Jugendgerichte und Jugendgerichtshilfen, NF H 2).

S. 117 **§ 36 FN°)** **Lfd. Nr. 83**

Können nach dem Landesrecht **Referendare** zu Amtsanwälten (z. B. NRW) oder zu Sitzungsvertretern bestellt werden, begründet ihre Mitwirkung am Amtsgericht — ordnungsgemäße Bestellung im Einzelfall vorausgesetzt — auch **in Jugendsachen** keinen Verfahrensmangel (OLG Düsseldorf JMBl. NRW 65/103); doch ist von einem eigenverantwortlichen Auftreten von Referendaren im Jugendverfahren mangels Erfahrung und Einblick in die Besonderheiten des Jugendrechts dringend abzuraten.

S. 119 **§ 38 FN°)** **Lfd. Nr. 84**

Literatur: Boedeker: Fachpsychologische Aufgaben im Bereich der Jugendgerichtshilfe aus der Sicht der Jugendfürsorge; und Mazur: Die Mitarbeit des Psychologen bei der Jugendgerichtshilfe aus der Sicht des Psychologen je in Gerichtliche Psychologie. — Minzenmay: Das Jugendamt und die Polizei in Baden-Württemberg, ZBl. 64/231; Roestel: Zur Problematik der Jugendgerichtshilfe, Nachrichtendienst des deutschen Vereins für öffentliche und private Fürsorge 65/350; Vins: Was erwartet der Jugendrichter von der Jugendgerichtshilfe . . ., RdJ 63 H 21. — Vgl. auch die neuen Berliner Ausführungsvorschriften für die Jugendgerichtshilfe (Dienstblatt des Senats von Berlin, IV 1965 Nr. 8, besprochen von Mrowka ZBl. 65/194).

S. 120 **§ 38 A 2a Satz 3** **Lfd. Nr. 85**
2. Zeile von unten

Literatur: Potrykus: „Die Delegation nach dem JWG, ZBl. 64/189, 195f.; vgl. auch Hinrichsen, UJ 64/94, Ullrich UJ 65/564.

S. 121 **§ 38 A 3a** **Lfd. Nr. 86**
Zeile 12 vorletzter Satz

Die erwünschten **mündlichen Besprechungen** zwischen Jugendgerichtshilfe, -staatsanwalt und -richter dürfen natürlich nicht dazu dienen, schon vor der Hauptverhandlung eine bestimmte Meinung zu erarbeiten (vgl. Roestel ZBl. 65/5).

S. 122 **§ 38 FN 2** **Lfd. Nr. 87**

Literatur: Roestel: Aufgabe und Form des Berichts der Jugendgerichtshilfe, UJ 65/543 (gegen „jede Art von Formblatt").

S. 125 **§ 38 A 8a aE** **Lfd. Nr. 88**
5. Text-Zeile von unten

Die Heranziehung der **Jugendgerichtshilfe** im Verfahren gegen einen **Heranwachsenden** ist gem. §§ 38 Abs. III S. 1, 104 Abs. I Nr. 2, 107, 122 JGG auch dann **zwingend** vorgeschrieben, wenn dieser zur Zeit des Verfahrens nicht mehr Heranwachsender wäre (BGH bei Martin DAR 65/95).

S. 125 **§ 38 FN 6** **Lfd. Nr. 89**

Literatur: Ullrich: Nachgehende Fürsorge der Jugendgerichtshilfe, Kriminalistik 65/68; Wehner: Zusammenarbeit zwischen Jugendgerichtshilfe und Jugendstrafvollzug, Zeitschrift für das Fürsorgewesen 63/229.

S. 126 **§§ 39—40 FN 1** **Lfd. Nr. 90**

Literatur: Roestel: Auswirkungen des StPÄG auf die sachliche Zuständigkeit des Jugendrichters, NJW 66/334. — Vgl. auch Arndt, SchlHA 66/47; Roestel, Neues Beginnen 65/118.

S. 128 **§ 41 A 2a (1) aE** **Lfd. Nr. 91**
Zeile 18

Auch nach Roestel (NJW 66/334) ist für die Frage der **Zuständigkeit des Jugend(einzel)richters** bei Anklage und Eröffnung des Hauptverfahrens **nur § 39 Abs. I,** nicht § 39 Abs. II JGG von Bedeutung. Auch wenn die Aussetzung der Verhängung der Jugendstrafe zur Bewährung gem. **§ 27 JGG** in Betracht kommt, ist das **Jugendschöffengericht** zuständig. Die Zuständigkeit des Jugendschöffengerichts ist mit Roestel a. a. O. grundsätzlich auch dann anzunehmen, wenn dort schon ein Verfahren gegen diesen Täter anhängig ist oder wird, weil der Grundsatz der Einheitsstrafenbildung gem. § 31 Abs. I JGG nur dann voll verwirklicht wird, wenn **alle Taten in einem Verfahren** abgeurteilt werden; in diesem Falle sollte deshalb auch eine Tat, die an sich zum Jugend(einzel)richter angeklagt würde, zum Jugendschöffengericht angeklagt werden, falls nicht eine Einstellung etwa gem. §§ 45, 47 JGG, 153, 154 StPO in Betracht kommt.

S. 130 **§ 41 A 3 (d) aE** **Lfd. Nr. 92**
Zeile 3

Die **Prüfung der sachlichen Zuständigkeit durch das Gericht** (§§ 209 Abs II, III StPO, 39 Abs. I S. 2, 40 Abs. I S. 2 JGG) ist nicht nur auf die klaren gesetzlichen Zuständigkeitsgrenzen beschränkt, sondern **umfaßt auch die Ermessensentscheidungen** (Kleinknecht, in ablehnender Anm. zu LG Rottweil NJW 66/215, unter Bezug auf die Gedanken BVerfG E 9/223 = NJW 59/871; Moller MDR 66/100, der gegen jeden Ermessensspielraum bei Zuständigkeitsfragen ist). Im Jugendrecht bedeutet das, daß auch dann, wenn alle Voraussetzungen des § 39 Abs. I S. 1 JGG erfüllt sind (vgl. dazu lfd Nr. 91), der Jugendrichter an das Jugendschöffengericht zur Eröffnung vorlegen kann.

Die Vorlage gem. § 209 Abs. III StPO muß **immer durch Vermittlung der Staatsanwaltschaft** erfolgen (auch wenn der Einzelrichter an den Schöffenrichter beim gleichen Gericht vorlegt: LG Lübeck, SchlHA 66/47), schon um gem. § 33 Abs. II StPO der Staatsanwaltschaft Gelegenheit zur Äußerung (§ 33 Abs. II StPO!), gegebenenfalls zur **Einfügung des „wesentlichen Ergebnisses der Ermittlungen“** in die Anklageschrift zu geben. Die Staatsanwaltschaft ist jedoch zu einer solchen Ergänzung der Anklageschrift nicht verpflichtet, wenn sie zum Einzelrichter angeklagt hat (Roestel NJW 66/334), wie sich aus dem Wortlaut des § 200 Abs. II S. 2 StPO eindeutig ergibt; das Fehlen dieses Teiles der Anklageschrift hat überdies nie verfahrensrechtliche Folgen (vgl. § 207 Abs. II S. 2 StPO).

Wegen des Ermessens bei der Anklage von Jugendschutzsachen vgl. lfd. Nr. 179.

S. 131 **§ 41 A 4c aE** **Lfd. Nr. 93**
Zeile 2

Roestel (NJW 66/334f.), der ebenfalls **eine Verweisung an das Jugendschöffengericht nach der Eröffnung** des Hauptverfahrens vor dem Jugend(einzel)richter dann nicht zuläßt, wenn dessen Strafbann nach § 39 Abs. II JGG ausreicht, macht zu Recht eine Ausnahme, **wenn gegen den gleichen Angeklagten ein Verfahren vor dem Jugendschöffengericht anhängig** ist, weil dann eine gemeinsame Verhandlung notwendig ist, um den Grundsatz der Einheitsstrafenbildung (§ 31 Abs. I JGG) voll zu verwirklichen.

S. 141 **§ 43 FN 1** **Lfd. Nr. 94**

1. Literatur zur Prognoseforschung:

Hartmann: Zur statistischen Kriminalprognose RdJ 65/62—65; Mey: Die Voraussage des Rückfalls im intuitiven und im statistischen Prognoseverfahren, MKrim 65 (48)/1; Fritz Meyer: Der gegenwärtige Stand der Prognoseforschung in Deutschland, MKrim 65 (48)/225; Middendorf: Die soziale Prognose und der Strafrichter (in: Gerichtliche Psychologie); Munkwitz: Psychologische Untersuchungen über die Lebensbewährung krimineller Jugendlicher (Schriften des Fliedner-Vereins Rockenberg Nr. 33); Suttinger: Die Urteils- und Entlassungsprognose in psychologischer Sicht (in Gerichtliche Psychologie); Sydow: Erfolg und Mißerfolg der Strafaussetzung zur Bewährung (mit Prognosetafeln für 21—29 jährige), Kriminologische Untersuchungen Heft 13, 1963.

Vgl. auch Kühling: Rückfalluntersuchungen an jungen Rechtsbrechern, MKrim 65 (48)/269; Bellon: Anwendungsbereich und Wirksamkeit der bestimmten Jugendstrafe (C. Heymann 1965).

Eine interessante Gegenüberstellung der Ansichten bringt Bew. H. Heft 2 (April) 1966: Abels: Kriminologische und psychodiagnostische Prognosemöglichkeiten bei jugendlichen Kriminellen; Meyer: der Wert objektiver Prognoseverfahren in der Bewährungshilfe; Mey: Möglichkeiten und Grenzen der statistischen Prognoseverfahren.

2. **Meyer** kommt a. a. O. in Überarbeitung und Zusammenfassung seiner bisherigen Forschung **zu folgender** (etwas gekürzt abgedruckter) **Prognosetabelle**, die sich auf zu Jugendstrafe verurteilte männliche Personen bezieht.

A. Schlechtpunkte

1. **Kriminalität** (Verbrechen, vorsätzliche Vergehen, Übertretungen gem. § 361 Nr. 1, 3—7, §§ 364, 370 Abs. I Nr. 5 StGB) bei mindestens einem **Eltern**teil.
2. Chronische **Trunksucht** bei mindestens einem **Eltern**teil.
3 a **Scheidungskind** im Haushalt der nicht wieder verheirateten Mutter oder
  b Kind nach Scheidung oder Tod der Mutter im Haushalt des wieder verheirateten Vaters.
4 a 2 maliges **Sitzenbleiben** in Schule (nicht Hilfsschule), außer wegen Krankheit.
  b **Schulschwänzer** (nicht bei Hilfsschülern oder wenn schon 4 a vorliegt).
5. Verschuldeter **Arbeitsplatzwechsel** (nicht bei Freiheitsentzug oder Arbeitslosigkeit) mindestens alle 4 Monate (im Durchschnitt).
6. Insgesamt länger als 6 Monate Aufenthalt im **Erziehungsheim** (auch bei freiwilliger Erziehungshilfe).

7. **Ausreißer aus dem Erziehungsheim** (auch bei freiwilliger Erziehungshilfe).

8. **Beginn der Kriminalität** (s. oben 1) vor Vollendung des 15. Lebensjahres.

9. **Mindestens 5 Straftaten** (s. oben 1) oder Akte einer fortgesetzten Handlung durchschnittlich **jährlich** seit Strafmündigkeit, einschließlich der gem. §§ 45, 47 JGG behandelten, ausschließlich der Zeiten eines Freiheitsentzuges.

10., 11. Mindestens 2 wenigstens teilweise **verbüßte Freiheitsstrafen,** einschließlich **Jugendarrest** und Untersuchungshaft. Sind darunter 2 wenigstens teilweise verbüßte Verurteilungen zu Jugendarrest, gibt Meyer einen zusätzlichen Schlechtpunkt.

12. **Rückfall** innerhalb der ersten 3 Monate nach (auch teilweiser) Verbüßung der letzten Freiheitsstrafe (einschließlich Jugendarrest).

13. Mindestens 60% der Straftaten im strafmündigen Alter sind **ohne Tatgenossen** begangen.

14. **Jeder Tatgenosse** des Beschuldigten seit seiner Strafmündigkeit hat durchschnittlich bei **mindestens 5** dieser Straftaten mitgewirkt. (13 und 14 können gleichzeitig nur vorliegen, wenn der Täter schon 13 Straftaten begangen hat).

15. **Betrug** vor Vollendung des 21. Lebensjahres.

16. **Gewerbsmäßige Unzucht** vor Vollendung des 21. Lebensjahres.

17. **Widerstand** gegen die Staatsgewalt vor Vollendung des 21. Lebensjahres.

18. **Betteln oder Landstreicherei** vor Vollendung des 21. Lebensjahres.

19. **(Interlokale) Kriminalität** (s. oben 1) in mindestens 2 verschiedenen Amtsgerichtsbezirken, wenn nicht z. B. durch Umzug o. ä. veranlaßt.

20. Mindestens **5 Hausstrafen** (außer wegen Entweichens) während der Verbüßung der zur Zeit vollstreckten Strafe.

21. **Ausreißer aus der Jugendstrafanstalt** während der Verbüßung der zur Zeit vollstreckten Strafe.

B. Rückfallskategorien.

Prognose	Gruppe	Zahl der Schlechtpunkte	%-Zahl der Rückfälligen bei Urteilsprognose	%-Zahl der Rückfälligen bei Entlassungsprognose
günstig	I	0—2	22%	20%
fraglich	II	3—6	58%	56%
ungünstig	III	7 und mehr	100%	100%

Diese **Tabelle** darf auch nach dem Willen Meyers **nicht schematisch** angewendet werden. Es muß der persönliche Eindruck oder im gegebenen Falle ein Sachverständigen-Gutachten dazu kommen. Eine ungünstige Prognose in der Gruppe I oder eine positive Prognose in der Gruppe III bedarf jedoch besonderer Überlegung und Begründung. Regelmäßig spricht in der Gruppe III viel für die Verhängung der unbestimmten Jugendstrafe, in der Gruppe I viel für Erziehungsmaßregeln, Zuchtmittel oder — bei schwerer Schuld — für Jugendstrafe mit Strafaussetzung zur Bewährung. In der Gruppe II kommt es entscheidend auf Eindruck und Gutachten an; oft wird hier — bei entsprechendem Gewicht der Tat — die Aussetzung der Verhängung der Jugendstrafe zur Bewährung (§ 27 JGG), aber auch Jugendarrest oder einschneidende und länger dauernde Weisungen in Betracht kommen.

S. 144 **§ 43 A 4c (3)** **Lfd. Nr. 95**
Zeile 12 Satz 1

Ist die **ambulante Untersuchung vom erkennenden Gericht** gem. § 43 Abs. III JGG angeordnet, gibt es dagegen **keine Beschwerde**; denn mit der Ausführung ist weder ein Freiheitsentzug noch ein körperlicher Eingriff verbunden (OLG Düsseldorf NJW 64/2217 = JMBl. NRW 64/249 für Begutachtung durch Nervenfacharzt gem. § 81a StPO zur Frage des § 51 StGB).

S. 144 **§ 43 A 4c (4) aE** **Lfd. Nr. 96**
7. Textzeile von unten

Hält der **Sachverständige** seine **Anwesenheit bei der Beweisaufnahme** des Gerichts für geboten, um Unterlagen für sein Gutachten zu gewinnen, verstößt das Verhandeln in seiner Abwesenheit gegen die Aufklärungspflicht (BGH 19/367).

S. 144 **§ 43 FN 3** **Lfd. Nr. 97**

Literatur: Blau: Der psychologische Sachverständige im Strafprozeß, und Sieverts: Fachpsychologische Aufgaben innerhalb einer modernen Strafrechtspflege, je in Gerichtliche Psychologie; Bresser: Grundlagen und Grenzen der Begutachtung jugendlicher Rechtsbrecher (de Gruyter 1965); Szewczyk: Voraussetzungen und Kriterien für die psychologisch-psychiatrische Begutachtung jugendlicher Täter, Neue Justiz 1965/533; Thomae: Beobachtungen und Beurteilung von Kindern und Jugendlichen, Psychologische Praxis Heft 15, 5. Auflage Basel 1963.

S. 148 **§ 45 FN 1** **Lfd. Nr. 98**

Auch Schorn NJW 65/1517 läßt das **Klageerzwingungsverfahren bei jugendlichen** Beschuldigten dann zu, **wenn** aus tatsächlichen oder rechtlichen Gründen eingestellt wurde, **nicht** bei Absehen von der Verfolgung gem. § 45 JGG.

S. 149 **§ 45 A 1c aE** **Lfd. Nr. 99**
Zeile 11

Gegen das Absehen von der Strafverfolgung gem. **§ 45 JGG** gibt es grundsätzlich **kein Klageerzwingungsverfahren** (näher im Kommentar Anm. 5a aE), denn dieses reicht, wie das OLG Nürnberg (MDR 65/845) dargetan hat, nur soweit wie das Legalitätsprinzip, das es sichern soll.

S. 152 **§ 46 Vorb. aE** **Lfd. Nr. 100**
4. Zeile von unten

Immer, wenn Anklage erhoben wird (**auch** im vereinfachten J-Verfahren gem. § 76 JGG; **nicht** beim formlosen Erziehungsverfahren gem. § 45 JGG), muß der **Abschluß der Ermittlungen** festgestellt werden (§ 169a Abs. I StPO). Das kann aber schon geschehen, wenn die Ermittlungen des Jugendamtes oder Strafliste und Erziehungskartei noch nicht bei den Akten sind (s. Kommentar § 43 A 5b); sie müssen nur angefordert sein.

S. 153 **§ 46 A 2a aE** **Lfd. Nr. 101**
Zeile 15

Wird nach Anklage zum Jugend(einzel)richter gem. §§ 39 Abs. I S. 2 JGG, 209 Abs. II, III StPO das Verfahren vor dem Jugendschöffengericht eröffnet, sollte der Staatsanwalt die Anklage durch **Einfügung des „Wesentlichen Ergebnisses der Ermittlungen“** ergänzen. Eine Pflicht dazu besteht jedoch nicht (Roestel NJW 66/334; näher lfd. Nr. 92).

S. 153 **§ 46 A 4 aE** **Lfd. Nr. 102**
Zeile 25

5. Auch im Jugendverfahren ist die **Nachtragsanklage** (§ 266 StPO) zulässig. Roestel (NJW 66/334f.) erhebt gegen sie nicht näher begründete psychologische Bedenken, die ich nicht teile. Gerade der auch von Roestel ernst genommene Grundsatz der Einheitsstrafe (§ 31 Abs. I JGG), praktisch verwirklicht durch die gemeinsame Verhandlung aller bekannten Taten, und die Beschleunigungsmaxime [vgl. Kommentar Einf. II 2c (2)] machen die schriftliche oder mündliche Nachtragsanklage im Jugendrecht häufig notwendig. Nachteile haben sich in meiner Praxis noch nicht ergeben; die Nachtragsanklage muß natürlich in einer dem Verständnis des Jugendlichen angepaßten Weise erhoben und zugelassen werden.

S. 155 **§ 47 A 5a** Satz 1 **Lfd. Nr. 103**
Zeile 15

Die **Zustimmung des Staatsanwaltes** zur Einstellung des Verfahrens gem. § 47 Abs. II S. 1 JGG ist — wie bei der Einstellung wegen Geringfügigkeit gem. § 153 Abs. III StPO — eine **Prozeßhandlung** und als solche **nicht widerruflich.** Doch kann der Staatsanwalt bei Änderung der Lage unbeschadet seiner Zustimmung bei Gericht beantragen, das Verfahren nun doch nicht gem. § 47 JGG einzustellen.

S. 158 **§ 48 A 2b (1) (b) aE** **Lfd. Nr. 104**
Zeile 10

Verletzte im Sinne des § 48 Abs. II S. 1 JGG und damit berechtigt, an der Verhandlung teilzunehmen, sind **auch die** in § 395 Abs. II Ziff. 1 StPO genannten **Angehörigen eines** durch die zur Verhandlung stehenden Straftat **Getöteten.** Der Begriff des Verletzten ist hier der gleiche wie bei § 172 StPO (für diesen Fall Schwarz-Kleinknecht, § 172 StPO Anm. 3 mit Fundstellen).

S. 160 **§ 49 FN 1** **Lfd. Nr. 105**

Ein **Hinweis,** „der Zeuge **bleibt** gem. § 62 StPO **unbeeidigt**“, **genügt nicht**; es muß zu ersehen sein, aus welchem der Gründe der Eid nicht abgenommen wurde. (Wie Kommentar und BGH nun auch ObLG 28. 5. 63, 2 Ss 57/63; 4. 12. 63, 1 St. 495/63; 18. 12. 63, 1 St. 528/63 bei Rüth, DAR 64/242 und OLG Karlsruhe NJW 65/1871).

Gleiches gilt auch für § 49 Abs. I JGG (vgl. Kommentar Anm. 1 c!). Die Aussage hat **keine ausschlaggebende Bedeutung, wenn** der Richter die Aussage für **unrichtig** hält; dann kann die Beeidigung unterbleiben. (Wie Kommentar und BGH nun auch ObLG 16. 7. 63, 2 St. 208/63; 21. 8. 63, 2 St. 397/63 bei Rüth, DAR 64/242).

S. 163 **§ 50 A 3a aE** **Lfd. Nr. 106**
Zeile 3

Bei mehrtätigen Sitzungen genügt es, wenn der **Jugendgerichtshilfe Zeit und Ort des ersten Sitzungstages** mitgeteilt ist; Nachricht von den weiteren Terminen ist nicht notwendig (BGH 4 StR 21/43 1. 3. 63 bei Martin DAR 1964/100 Ziff. II).

S. 167 **§ 52 A 1e aE** **Lfd. Nr. 107**
Zeile 4

LG Köln NJW 65/773 = JMBl. NRW 65/189 meint, eine verfassungskonforme Auslegung des § 60 StGB zwinge jedenfalls im Regelfall dazu, über die Vorschrift des § 450 StPO hinaus die gesamte **U-Haft** bis zum Rechtsmittelverzicht **anzurechnen.** Wahle (NJW 65/734) fordert mit ähnlichen Überlegungen die Anrechnung der vollen U-Haft seit dem tatrichterlichen Urteil durch das Revisionsgericht. Dagegen weisen das OLG Frankfurt (NJW 65/1724 mit Anm. Tiedemann = JR 65/351 = MDR 65/843) und Pohlmann (Rpfl. 65/259) mit Recht darauf hin, daß eine **Anrechnung über die gesetzliche Regelung hinaus nicht möglich** ist; doch ist in dem vom Gesetzgeber gezogenen Rahmen der Hinweis von Wahle beachtenswert.

S. 168 **§ 52 A 4a aE** **Lfd. Nr. 108**
Zeile 16

Auch wenn **U-Haft auf Mindest- und Höchstmaß** angerechnet ist, wird das Ende der höchst-zulässigen Strafzeit durch **Errechnung des Höchstmaßes** bestimmt, von dem die insgesamt angerechnete U-Haft abgezogen wird (Pohlmann, RPfl. 65/36, 38).

S. 169 **§ 52 hinter A 5** **Lfd. Nr. 109**
Zeile 11

6. Wegen der **Berechnung bei Anrechnung der U-Haft** (Berücksichtigung des Tages der Urteilsfindung) s. Krauß NJW 65/1166f. Ziff. II; zu allgemeinen Fragen vgl. auch Pohlmann, RPfl. 65/36ff., lfd. Nr. 108.

S. 173 **§ 54 FN 1** **Lfd. Nr. 110**
Vgl. lfd. Nr. 140.

S. 175 **§ 54 A 5 aE** **Lfd. Nr. 111**
Zeile 22

Das **abgekürzte Urteil** ist auch möglich, wenn ein Verfahrensbeteiligter gem. § 55 Abs. II JGG kein Rechtsmittel mehr hat, der oder die Anfechtungsberechtigten aber auf Rechtsmittel verzichten. Dieser Fall ist nicht dem Ablauf der Rechtsmittelfristen gleichzusetzen. Denn in unserem Fall haben alle, die noch ein Rechtsmittel haben, ausdrücklich auf dieses verzichtet.

S. 175 **§ 54 A 7 aE** **Lfd. Nr. 112**
letzte Zeile

Wegen der **Kosten** siehe im Kommentar § 74, besonders Anm. 2a und FN 4 und lfd. Nr. 140, 142.

S. 177 **§ 55 A 1b (3) aE** **Lfd. Nr. 113**
Zeile 22

Wegen des Antrags gem. § 23 EG GVG s. lfd. Nr. 157.

S. 177 **§ 55 A 1c (1) aE** **Lfd. Nr. 114**
vorletzte Textzeile

Der **minderjährige Angeklagte kann das von ihm eingelegte Rechtsmittel selbständig zurücknehmen,** also ohne Zustimmung der gesetzlichen Vertreter. Rechtsmitteleinlegung und -zurücknahme sind prozessuale Handlungen, deren Wirksamkeit nicht von der zivilrechtlichen Geschäftsfähigkeit abhängt. Die aus § 296 Abs. I StPO sich ableitende Befugnis, Rechtsmittel einzulegen, gibt ihm das Anfechtungsrecht unbeschränkt; es umfaßt auch die Rücknahme. Ein Anlaß zur Einschaltung der gesetzlichen Vertreter besteht nicht, da diese ein selbständiges Anfechtungsrecht haben (§ 298 StPO). Ein Vertrauensschutz wie im umgekehrten Fall (s. Kommentar § 55 Fußnote 2) ist nicht nötig, da ja der gesetzliche Vertreter seine Rechte zum Schutz des noch Minderjährigen hat, auf dessen Entschlüsse noch nicht uneingeschränkt gebaut werden kann. — Das alles gilt entsprechend sowohl für Handlungen des **Verteidigers** im Auftrag des Angeklagten als auch für Rechtsmittelverzicht, -beschränkung und Teilanfechtung. (Vgl. auch lfd. Nr. 151 wegen der Strafantragsmündigkeit).

S. 179a **§ 55 A 2b (2) (a)** **Lfd. Nr. 114a**
vorletzte Textzeile

Nach OLG Oldenburg (OLG St § 331 StPO S. 1).

1. kann die **Verhängung von Jugendarrest** durch das Berufungsgericht statt der vom Erstrichter verhängten, zur Bewährung ausgesetzten Gefängnisstrafe gleicher Höhe **angefochten** werden, **wenn gerügt** wird, das sei **gesetzwidrig** (entspr. OLG Düsseldorf NJW 61/891, OLG Köln NJW 64/1684);

2. gilt das **Verschlechterungsverbot** des § 331 StPO **für alle Maßnahmen** des Richters, also auch für Jugendarrest im Verhältnis zu Strafen des allgemeinen Rechts;

3. ist **Jugendarrest milder als Gefängnis,** da Jugendarrest gem. § 13 Abs. I JGG milder als Jugendstrafe ist, diese aber dem Gefängnis an Schwere gleichsteht (BGH 10/100, 103);

4. ist **Jugendarrest** trotz seiner **Vollstreckbarkeit** milder als die zur **Bewährung ausgesetzte Gefängnisstrafe** wegen deren Fernwirkung.

Ziff. 1—3 ist richtig. Bei Ziff. 4 verkennt das OLG, daß es bei der Frage der Strafaussetzung nicht um den Vergleich der Strafarten (hier Jugendarrest: Gefängnis) geht, sondern um die auch vom Verschlechterungsverbot umfaßte Frage der sonstigen Verschärfung (Gutmann NJW 62/1261, Grethlein, Verschlechterungsverbot S. 51); daß aber **jede Vollstreckung eine Verschärfung gegenüber der Nichtvollstreckung** ist, liegt auf der Hand.

S. 182 **§ 55 A 3b (2) (a) aE** **Lfd. Nr. 115**
Zeile 10

Dagegen erstreckt sich die **Aufhebung gem. § 354a StPO** wegen zwischenzeitlicher Gesetzesänderung **nicht auf die Mitangeklagten,** die keine Revision eingelegt haben. Das folgt aus dem Gesetzeswortlaut (§§ 357, 354a StPO), an den der Richter gebunden ist (BGH 20/78, ObLG 64/127).

S. 182 **§ 55 A 3b (2) (b)** **Lfd. Nr. 116**
letzte Textzeile

Auch wenn der Angeklagte gegen ein Urteil und die Staatsanwaltschaft gegen ein anderes Urteil des Jugendrichters, jeweils auf das Strafmaß beschränkt Berufung eingelegt haben und die **Jugendkammer** gem. § 31 JGG nach Verbindung der Verfahren eine **Einheitsstrafe** gebildet hat, kann der Angeklagte — ebenso wie der Staatsanwalt — dagegen **Revision** einlegen. OLG Hamm JMBl. NRW 64/231.

S. 184 **§ 55 A 4a (1) S. 1 aE** **siehe Lfd. Nr. 114a**
5. Textzeile von unten

S. 186 **§ 55 FN 50** **siehe Lfd. Nr. 114a**

S. 189 **§ 55 FN 70** **Lfd. Nr. 117**

Das **Verschlechterungsverbot** gilt **nicht für Bewährungsauflagen** (BGH NJW 64/2213 wie Kommentar).

S. 190 **§ 55 A 4d (1) aE** **Lfd. Nr. 118**
Zeile 20

Auch die Verhängung einer sog. **„isolierten“ Sperrfrist** (vgl. BGH 10/94) unterliegt dem **Verschlechterungsverbot** des § 331 StPO. OLG Köln (MDR 66/68 = VRS 29/182 = JMBl. NRW 65/280). Eine Anschlußsperrfrist kann auch nach Ablauf der früheren Sperrfrist durch das Berufungsgericht in unveränderter Dauer, beginnend mit der Rechtskraft seiner Entscheidung, ohne Verstoß gegen das Verschlechterungsverbot aufrechterhalten werden (ObLG JR 66/108).

S. 192 **§ 55 A 4g (1) (b) aE** **siehe Lfd. Nr. 114a**
3. Textzeile von unten

S. 194 **§ 55 A 5a (1) Satz 1** **Lfd. Nr. 119**
Zeile 9

Die **Wiederaufnahme** ist auch möglich **gegen die Entscheidung gem. § 27 JGG**, durch die die Schuld festgestellt, die Entscheidung über die Verhängung einer Jugendstrafe aber zur Bewährung ausgesetzt ist. Denn diese Entscheidung ist das rechtskräftige Urteil (vgl. § 27 Anm. 1b im Kommentar)[115a].

S. 199 **§ 58 FN 3a** **Lfd. Nr. 120**

Rechtliches Gehör muß nicht gewährt werden, wenn der Verurteilte **nach bedingter Entlassung** unbekannten Aufenthaltes ist oder sonst keine Erklärung abgibt (OLG Karlsruhe NJW 64/1085 = Die Justiz 64/153 = RPfl. 64/145, Kaiser NJW 64/1946f.). Hanack (JZ 66/43, 45) kommt m. E. zutreffend aus dem Gedanken der **Verwirkung** zum gleichen Ergebnis; dagegen ist es bedenklich, wenn OLG Karlsruhe a. a. O. das rechtliche Gehör schlechthin nur im Rahmen des Möglichen gewähren will.

S. 200 **§ 58 FN 5** **Lfd. Nr. 121**

Der Jugendrichter, dem die **Entscheidung gem. § 58 Abs. II JGG** übertragen ist, kann unmittelbar **weiter übertragen,** wenn der Proband verzogen ist (OLG Hamm JMBl. NRW 65/48 gegen Kommentar).

S. 203 **§ 59 A 2b S. 2** **Lfd. Nr. 122**
Zeile 6

Die Ablehnung des Widerrufs einer Strafaussetzung zur Bewährung kann **nicht** mit der **Beschwerde** angefochten werden (entspr. §§ 59 Abs. IV, 63 Abs. I JGG: LG Frankfurt ZBl. 66/52 wie Kommentar).

S. 206 **§ 61 A 3a S. 2** **Lfd. Nr. 123**
Zeilen 1—4 von unten

Daraus, daß § 61 Abs. II S. 2 JGG nur die **§§ 114—115a StPO** für **anwendbar** erklärt, folgt, daß die übrigen Vorschriften des StPO-Haftrechts nicht gelten, soweit nicht die

---

[115a]) Selbst wenn man darin nur einen rechtskräftigen Schuldspruch sehen wollte, müßte man mit **der hM** die **Wiederaufnahme** zulassen. Denn diese ist **auch bei Teilrechtskraft** möglich, da sie der Korrektur einer unrichtigen, aber mit Rechtsmitteln nicht mehr anfechtbaren Entscheidung dient; das ist auch der Fall, wenn das Urteil nur im Schuldspruch rechtskräftig ist. Eine Straffestsetzung ist nicht sinnvoll, wenn die Möglichkeit besteht, daß der Schuldspruch keinen Bestand hat (OLG Frankfurt NJW 65/313 = OLG St. § 359 StPO 2 S. 11 mit vielen Fundstellen, Creifelds Die Wiederaufnahme des Verfahrens bei teilweise rechtskräftigen Strafurteilen, GA 65/193).

§§ 114—115a StPO auf sie weiterverweisen, nämlich auf **§§ 112 Abs. I S. 2, 117 Abs. I, II und 118 Abs. I, II StPO.**

Es gilt deshalb der Grundsatz der **Verhältnismäßigkeit** (also darf die Haft nicht länger dauern als die Strafe, um deren Vollstreckung es geht), es gibt **Beschwerde** (jedoch keine weitere: Kommentar § 61 FN 3) und auch **mündliche Verhandlung** über den Haftbefehl, jederzeit kann die **gerichtliche Haftprüfung** beantragt werden. Dazu gelten die Vorschriften über die **äußere Form des Haftbefehls,** die **Bekanntmachung,** die **Benachrichtigung** von Angehörigen und über die **Vorführung** zum Richter samt Vernehmung.

Eindeutig ausgeschlossen sind dagegen die **Haftprüfung nach 3 Monaten** (§ 117 Abs. V StPO) und die **Haftprüfung durch das OLG** nach 6 Monaten (§§ 121f. StPO), die **Anordnung von Ermittlungen** durch den Richter (§ 117 Abs. III StPO: Das Urteil ist hier ja schon rechtskräftig) und die **Außervollzugsetzung des Haftbefehls** (§§ 116, 116a StPO; dafür gibt es die anderen Maßnahmen nach § 61 Abs. I JGG). — Wegen des **Haftvollzugs** und der Zulässigkeit eines **Steckbriefes** vgl. im Kommentar § 61 JGG Anm. 3a. Auch das Justizministerium von Nordrhein-Westfalen will **für den Vollzug die §§ 93 JGG, 119 StPO entsprechend** angewendet wissen, weshalb der Vollzug in einer Jugendstrafanstalt nur dann erfolgen dürfe, wenn diese Anstalt auch für den Vollzug von Untersuchungshaft zuständig sei (AV 18. 12. 65, 4430—II C 63, JMBl. NRW 66/15). Vgl auch OLG Celle NJW 65/2069 = MDR 65/1013 = NdsRpfl. 65/232 für § 71 Abs. II S. 2 JGG unter lfd. Nr. 134.

S. 207	**§ 61 A 3b aE**	**Lfd. Nr. 124**
Zeile 7		

Die **Anrechnung der Haft** gem. § 61 Abs. II S. 1 JGG erfolgt dadurch, daß der Beginn der Strafzeit auf den Zeitpunkt der Verhaftung vorverlegt wird (wie Kommentar OLG Düsseldorf NJW 64/69 = ZBl. 63/323 = JMBl. NRW 63/275, Scheunemann NJW 61/645; im Ergebnis gleich, doch mit § 38 lit. b Strafvollstreckungsordnung als Begründung Krauß NJW 65/1166, Pohlmann Rpfl. 65/36, 40).

S. 215	**§ 67 A 1b**	**Lfd. Nr. 125**
Zeile 6	hinter Satz 2	

Nicht nur die Eltern, auch der Vormund (§ 1793 BGB) und die uneheliche Mutter (§ 1707 BGB) sind **nebeneinander erziehungsberechtigt.** Ladungen und Mitteilungen an den Vormund genügen (doch sollten sie grundsätzlich auch an die Mutter gemacht werden); auch der **Rechtsmittelverzicht** des Vormunds in der Sitzung gilt für die nicht anwesende Mutter (§ 67 Abs. V JGG). Dagegen kann umgekehrt die uneheliche Mutter nicht für den Vormund auftreten, weil dieser nicht nur Erziehungsberechtigter, sondern auch gesetzlicher Vertreter ist und § 67 Abs. V JGG sich nur auf die Erziehungsberechtigten bezieht, also nicht für den gesetzlichen Vertreter gilt.

S. 215 **§ 67 A 1d aE** **Lfd. Nr. 126**
Zeile 22

Zur Frage, ob der **Minderjährige** den Arzt **von der Schweigepflicht entbinden kann**, s. Kohlhaas, Deutsche medizinische Wochenschrift 1964/1274. Wegen der **Rücknahme seines Rechtsmittels oder seines Strafantrags** s. lfd. Nr. 114 und 151.

S. 215 **§ 67 A 2a aE** **Lfd. Nr. 127**
7. Textzeile von unten

Bei **Verletzung des rechtlichen Gehörs** gibt es keine zusätzlichen **Rechtsmittel.** Das erkennende Gericht kann aber auf Gegenvorstellung hin das rechtliche Gehör nachholen und nach neuer Sachprüfung erneut über den Bestand der Entscheidung befinden (OLG Hamburg OLG St § 310 StPO Nr. 2 S. 8ff. mit ausführlichen Fundstellenangaben und eingehender Auseinandersetzung mit der Gegenmeinung).

S. 217 **§ 67 FN 4** **Lfd. Nr. 128**

§ 67 („Stellung des Erziehungsberechtigten und des gesetzlichen Vertreters") **wird gegenstandslos, wenn** der Beschuldigte **volljährig** ist oder wird, auch, wenn die Volljährigkeit in der DDR schon mit 18 Jahren eingetreten ist (OLG Köln NJW 65/1393 = MDR 65/409 = JMBl. NRW 65/203).

S. 218 **§ 68** **Lfd. Nr. 129**
Gesetzestext Ziff. 3

Es muß **Entwicklungsstand** (statt Entwicklungsbestand) heißen.

S. 218 **§ 68 A 1a aE** **Lfd. Nr. 130**
7. Textzeile von unten

In Jugendsachen sollten **nur Rechtsanwälte zu Pflichtverteidigern** bestellt werden, **nicht Referendare.** Letztere könnten an sich im Rahmen des § 142 Abs. II StPO mit Verteidigungen betraut werden, genügen aber regelmäßig der Anforderung der Richtlinie 1 zu § 68 JGG nicht. Sind sie nicht mehr als Referendar tätig, sondern z. B. Bewährungshelfer, können sie nicht mehr zu Verteidigern bestellt werden (BGH 20/95, bestr.).

S. 219 **§ 68 A 3b.** **Lfd. Nr. 131**
Zeilen 23ff.

Berichtigungen (Die Zeilen-Angaben beziehen sich auf diesen Absatz der Anmerkung 3b).

1. Zeilen 4 u. 5: es muß je statt Ziff. 3 heißen Ziff. 2.
2. Zeile 9: es muß statt Ziff. 4 heißen Ziff. 3.
3. Der Abschnitt (4), Zeilen 11—16 dieser Anm. 3b wird wie folgt ersetzt:

(4) Die in §§ 140 Abs. I Z. 2—5, 7, 117 Abs. IV, 118a Abs. II S. 3, 350 Abs. III StPO genannten **Fälle der notwendigen Verteidigung**, wegen der auf die Erläuterungsbücher zur StPO verwiesen wird. Nur so viel sei zu den einzelnen Ziffern des **§ 140 Abs. I StPO** bemerkt:

Zu Ziff. 3: es genügt die nicht ganz entfernte Möglichkeit (vgl. BGH 4/320, 322, RG 74/193f., 76/183f.). **Zu Ziff. 4:** Bei Schwerhörigkeit kommt § 140 Abs. II StPO in Betracht (s. auch unten (5)!). **Zu Ziff. 5:** es genügt jede Freiheitsentziehung im Sinne des § 52 JGG (s. dort Anm. 1a), die in diesem oder einem anderen Verfahren erlitten wurde, und jeder nicht freiwillige Aufenthalt in einer Heil- oder Pflegeanstalt. Eine vorherige Verteidiger-Bestellung nach § 117 Abs. IV StPO geht in die nach Ziff. 5 über (§ 140 Abs. III S. 2 StPO).

Die Regel der **Ziff. 7** gilt auch für die mündl. Haftprüfung gem. § 118 Abs. II S. 3 StPO, und für die Revisionsverhandlung gegen einen inhaftierten, nicht vorgeführten Angeklagten, hier nach entspr. Antrag (§ 350 Abs. III StPO).

S. 220 | **§ 68 A 3c** | **Lfd. Nr. 132**
Zeile 5

Ergänzung (tritt an Stelle der bisherigen Anm. 3c).

c) Auch **im vereinfachten Jugendverfahren** kann eine **Verteidiger-Bestellung** notwendig werden, wenn der Angeklagte schutzbedürftig ist (§ 68 Ziff. 2; § 140 Anm. I Ziff. 4,7 StPO). Wo die Verteidigung wegen des Gewichts der Tat notwendig ist (§ 68 Ziff. 3 JGG; § 140 Abs. I Ziff. 1, 3, 5, 6, Abs. II StPO), kommt ein vereinfachtes Jugend-Verfahren nicht in Betracht. Nur deshalb, weil ein Verbrechen Gegenstand des Verfahrens ist, ist entgegen § 140 Abs. I Ziff. 2 StPO eine Verteidigerbestellung im vereinfachten Jugend-Verfahren gem. § 78 Abs. III nicht notwendig. — Eingehend dazu Grethlein NJW 65/1365; AG Wanne-Eickel JMBl. NRW 66/48 jedenfalls dann, wenn kein Staatsanwalt an der Verhandlung teilnimmt. — AA Potrykus, der NJW 65/1950 bei Verbrechen auch im vereinfachten Jugend-Verfahren den Verteidiger fordert, weil sonst das rechtliche Gehör samt Art. 6 Abs. 3 Buchst. c MRK verletzt, die Verteidigung und damit die Wahrheitsfindung beeinträchtigt seien. Das ist nicht richtig, weil der Gesetzgeber — abgesehen von den Fällen der Hilfsbedürftigkeit — nur in Fällen entspr. Gewichts die Verteidigung für notwendig erklärt, solche Fälle aber nicht im vereinfachten Jugend-Verfahren verhandelt werden können (Grethlein NJW 66/143).

Vgl. auch Reiche: zur notwendigen Verteidigung im Jugendstrafverfahren SchlHA 65/225 (nur bei Anklagen zum Jugendschöffengericht sollte im künftigen Recht die Verteidigung bei Verbrechen notwendig sein).

S. 225 | **§ 71 FN 1** | **Lfd. Nr. 133**

Wegen eines **Verzeichnisses dieser Heime** vgl. lfd. Nr. 41.

S. 227 **§ 71 A 4c aE** **Lfd. Nr. 134**
Zeile 4

Dagegen findet bei der **vorläufigen Unterbringung gem. § 71 Abs. II JGG** auch nach 6 Monaten **keine Nachprüfung durch das OLG** statt; das folgt schon daraus, daß die dafür geltenden Vorschriften (§§ 121 f. StPO) in § 71 Abs. II S. 2 JGG nicht aufgeführt sind (OLG Celle NJW 65/2069 = MDR 65/1013 = Nds. Rpfl. 65/232). Soweit ein Haftbefehl in einen Unterbringungsbefehl oder dieser in jenen umgewandelt wird, ist allein die Verwahrungsdauer auf Grund Haftbefehls für die OLG-Nachprüfung wesentlich. — Dagegen wird man **für die Frage der notwendigen Verteidigung** die Unterbringung gem. § 71 Abs. II JGG **der Untersuchungshaft gleichzustellen** haben (entspr. Anwendung).

S. 227 **§ 71 A 4e** **Lfd. Nr. 135**
Zeile 10 vor — hinter S. 1

Wie beim Haftbefehl ist **weitere Beschwerde** auch dann gegeben, **wenn** Amtsgericht und Landgericht den Antrag auf **Unterbringung abgelehnt** haben (bisher allg. Meinung für Haftbefehl; neuerdings a. A. OLG Braunschweig NJW 65/1288 — JR 65/473 (abl. Anm. Kleinknecht) = OLG St. § 310 StPO 2 S. 5ff.

S. 229 **§ 72 A 2a aE** **Lfd. Nr. 136**
14. Zeile von unten

Für den ähnlichen § 126 Abs. I S. 3 StPO des allgemeinen Rechts nimmt OLG Hamburg MDR 66/255*) (ebenso Schwarz-Kleinknecht § 126 StPO Anm. 1) eine sofort bindende **Übertragung auf einen anderen Richter** an mit der Folge, daß die Zuständigkeit des Beschwerdegerichts mit der Übertragung auch dann entfällt, wenn die Beschwerde vor der Zuständigkeitsübertragung eingelegt war. Es soll also ein im Instanzenzug nicht übergeordnetes Gericht entscheiden; diesem fehlt aber die funktionelle Zuständigkeit. — Im Hinblick auf die viel engeren und speziellen Voraussetzungen der Übertragungsmöglichkeit im allgemeinen Strafrecht wird man die Erkenntnisse dazu nicht auf § 72 Abs. V JGG übertragen können. Ich halte deshalb **§ 42 Abs. III Satz 2 JGG** weiterhin für **entsprechend anwendbar** mit OLG Hamm JMBl. NRW 61/224.

S. 229 **§ 72 A 4** **Lfd. Nr. 137**
letzte Zeile

In die 6-Monatsfrist bis zur Einschaltung des OLG in die Haftprüfung wird die Zeit einer Unterbringung nach § 73 JGG, § 81 StPO **eingerechnet,** da auch hier die U-Haft weiterbesteht, nämlich über den Untersuchungszweck hinausgehende Maßnahmen zur Verhinderung von Flucht, Verdunklung oder Wiederholung zulässig und meist notwendig sind. Dagegen gilt diese Frist **nicht**, wenn eine einstweilige Unterbringung gem. § 71 Abs. II JGG vorliegt (s. lfd. Nr. 134).

---

*) = NJW 66/606 = JR 66/146.

S. 231 **§ 73 A 4a (1) (a) aE** **Lfd. Nr. 138**
7. Zeile von unten

Das Kammergericht JR 65/69 verlangt (**bei Unterbringung** nach § 81 StPO), daß der **Sachverständige** sich einen **persönlichen Eindruck** verschafft und den Beschuldigten untersucht haben muß; eine frühere Untersuchung in einem anderen Verfahren soll aber genügen. — Da die Einschaltung des Sachverständigen einen rechtsstaatlichen Schutz darstellt, wird man auch für § 73 JGG dieser Entscheidung zustimmen; selbst in anscheinend klaren Fällen kann eine Begutachtung nur auf Grund Aktenlage zu falschen Ergebnissen führen.

S. 232 **§ 73 A 4a (7) (a)** **Lfd. Nr. 139**
Zeile 8 nach Satz 1

Nach Kammergericht JR 65/69 kann ein Beschluß, der die **Einweisung** in eine Heil- oder Pflegeanstalt gem. § 81 StPO anordnet, auch dann mit der **sofortigen Beschwerde** angefochten werden, wenn das **erkennende Gericht** ihn erlassen hat. Das muß auch für die Unterbringung gem. § 73 JGG gelten (s. Kommentar). — Das OLG Braunschweig (GA 65/345) wendet dagegen auf eine Entscheidung des erkennenden Gerichts gem. § 81a StPO (Anfechtung an sich umstritten, s. Schwarz-Kleinknecht § 81a StPO A 12) den § 305 S. 1 StPO an, entzieht also solche Entscheidungen des erkennenden Gerichts der Anfechtung.

S. 234 **§ 74 A 2a aE** **Lfd. Nr. 140**
Zeile 14

Mit der bloßen Feststellung, der Angeklagte verdiene, kann die **Kostenauferlegung** nicht **begründet** werden, wenn feststeht, daß er wöchentlich nur 10,— DM Taschengeld erhält und erhebliche Kosten angefallen sind (BGH 8. 3. 63 4 StR 6/63 bei Herlan, GA 64/135). — Vgl. auch § 54 FN 1 im Kommentar.

S. 234 **§ 74 A 2b** **Lfd. Nr. 141**
Zeile 15 nach Satz 1

Eine **Verurteilung im Sinne des Kostenrechts** liegt auch vor, wenn der Angeklagte nach § 51 Abs. I StGB freigesprochen, ihm aber die Fahrerlaubnis entzogen wird (OLG Oldenburg NJW 64/2439f.). Entsprechendes wird bei **Freispruch oder Einstellung gem. § 3 JGG** gelten, **wenn** der Jugendrichter Maßnahmen nach § 3 S. 2 JGG anordnet; doch dürfte hier regelmäßig von einer Auferlegung der Kosten und Auslagen gem. § 74 JGG abzusehen sein.

S. 234 **§ 74 FN 4** **Lfd. Nr. 142**

Die **Kosten des Nebenklägers** können **nicht von der Staatskasse verlangt** werden, wenn der Angeklagte gem. § 74 JGG nicht mit den Kosten belastet wurde (LG Frankfurt ZBl. 64/178, Schmidt SchlHA 64/83, 85, Kommentar). AA LG Darmstadt NJW 64/

1736: Wenn nach § 74 JGG von einer Kostenbelastung des Heranwachsenden abgesehen wird, könne das nur zu Lasten des Staates gehen, dem die Erziehungsaufgaben nach dem JGG obliegen, nicht zu Lasten des Nebenklägers, dessen Kosten deshalb von der Staatskasse zu ersetzen seien. Das trifft nicht zu; der Nebenkläger verfolgt seine Interessen; aus dem Gesetz ergibt sich klar, daß das mit einem Kostenrisiko verbunden ist; ein Kostenersatz aus der Staatskasse kann nur erfolgen, wo das Gesetz das vorsieht.

S. 237 **§ 75 A 3a (3)** **Lfd. Nr. 143**
letzte Textzeile

Die **Befugnis der Polizei,** eine **Strafverfügung** zu beantragen, **erlischt,** sobald die Staatsanwaltschaft eingeschaltet wird. Hat z. B. die Polizei das Ergebnis ihrer Ermittlungen an die Staatsanwaltschaft übersandt, war diese also mit der Sache befaßt, kann die Polizei später den Vorgang nicht mehr unmittelbar dem Gericht vorlegen und eine Strafverfügung beantragen (anders der Staatsanwalt, s. Kommentar § 75 A 3a (5) (b)!). Ein dennoch gestellter Antrag führt zur Einstellung des Verfahrens durch das Gericht, weil ein Verfahrenshindernis vorliegt (besser: weil eine Prozeßvoraussetzung fehlt) (OLG Bremen NJW 65/120).

S. 237 **§ 75 FN*** **Lfd. Nr. 144**

Die zuständige **Bahnpolizeibehörde** kann gem. § 413 StPO Anzeigen dem Gericht vorlegen, wenn der Landesgesetzgeber diese Befugnis nicht ausgeschlossen hat, indem er dieses Recht nur auf bestimmte andere (z. B. Landes-)Polizeibehörden beschränkt hat. Durch die allgemeine Übertragung greift das Land nicht in die Befugnisse des Bundes ein, da es nur eine Befugnis verleiht, von der die Bundesbehörde Gebrauch machen kann, nicht muß (wie Kommentar OLG Bremen OLG St. § 413 StPO Nr. 2 S. 1ff.; ebenso OLG Schleswig Verkehrsrechtliche Mitteilungen 65 Nr. 17 S. 13 für Schleswig-Holstein). In Nordrhein-Westfalen hat der Vorstand eines Bundesbahnbetriebsamtes diese Befugnis (LG Krefeld MDR 65/227).

S. 239 **§ 75 FN 1b** **Lfd. Nr. 145**

Übersendet der Richter die Akten **unter Hinweis auf § 413 Abs. III StPO** an den Staatsanwalt, so **unterbricht** das die **Verjährung** wegen der angezeigten Übertretungen, auch wenn nicht angegeben ist, aus welchem der beiden Gründe der genannten Vorschrift die Übersendung erfolgt (wie Kommentar BGH 20/20; OLG Frankfurt in Vorlagebeschluß gegen OLG Hamm VRS 22/42). Auch der Hinweis auf eine weitere Strafvorschrift genügt: § 413 StPO braucht dabei nicht zitiert zu werden (OLG Köln VRS 30/184 = OLG St. § 68 StGB S. 23).

Dagegen unterbricht die Übersendung der Akten die Verjährung dann nicht, wenn der Richter rechtliche Bedenken gegen den Erlaß der Strafverfügung hat (OLG Oldenburg MDR 65/593).

Krumme pflichtet in LM Nr. 7 zu § 413 StPO (= BGH 20/20; s. o.) dem BGH bei, weil beide Fälle des § 413 Abs. III StPO auf eine Förderung des Verfahrens gegen den Beschuldigten zielen, der Richter also eindeutig nicht einstellen wollte. Dagegen soll eine **Zuleitung ohne Hinweis** auf den Grund (also ohne Erwähnung des § 413 Abs. III StPO) die Verjährung nicht unterbrechen, da nicht auszuschließen wäre, daß der Richter ohne Prüfung weitergeleitet hat oder daß er die Akten der Staatsanwaltschaft zur Einstellung übersandt hat.

S. 240 **§ 75 A 5b aE** **Lfd. Nr. 146**
Zeile 23

Läßt der Staatsanwalt die **Klage fallen,** entspricht das der **Klagerücknahme.** Der Staatsanwalt muß das Verfahren, das nun bei ihm anhängig ist, **wie jedes Ermittlungsverfahren zum Abschluß bringen.** Deshalb kommt hier eine Einstellung des Verfahrens durch das Gericht mit Kostenentscheidung nicht in Betracht (LG Stuttgart MDR 64/864; a. A. LG Schweinfurt MDR 64/866).

S. 241 **§ 75 FN 4** **Lfd. Nr. 147**

Die **Wiederaufnahme** ist auch gegen gerichtliche Strafverfügungen (also **auch gegen jugendrichterliche Verfügungen**) zulässig (Hagen NJW 65/2335, Pentz GA 65/202, Kommentar*), AG Garstadt NJW 64/2438, zustimmende Anm. J. Schröder NJW 65/316). An dem Wiederaufnahmeverfahren ist die Staatsanwaltschaft beteiligt (Schröder a. a. O., Pentz a. a. O.), nach Schröder soll aber der Staatsanwalt die Wiederaufnahme nicht beantragen können (a. A. mit Recht Penz a. a. O.). Verfehlt ist die Ansicht des AG Garstadt (a. a. O.), das Gericht könne hier von Amts wegen das Verfahren wieder aufnehmen; denn die Wiederaufnahme ist nach dem Gesetz **von einem Antrag abhängig** (Pentz a. a. O.).

S. 245 **§ 78 A 3** **Lfd. Nr. 148**
11. Zeile von unten 1. Absatz

Der Staatsanwalt muß den **Abschluß der Ermittlungen aktenkundig** machen, bevor er den Antrag auf Aburteilung im vereinfachten Jugendverfahren stellt (§ 169a StPO; s. lfd. Nr. 100).

S. 249 **§ 78 A 5c (3) (d)** **Lfd. Nr. 149**
Zeilen 10—12 Satz 2, 3, letzter Satz

(2) Wie im allgemeinen Recht (§§ 147f. StPO) hat der **Verteidiger** das Recht auf **Akteneinsicht** (unbeschränkt spätestens ab Abschluß der Ermittlungen) und auf Verkehr mit dem Beschuldigten.

(3) Nur deshalb, weil ein Verbrechen Gegenstand des Verfahrens ist, braucht im vereinfachten Jugendverfahren kein **Pflichtverteidiger** bestellt zu werden (s. näher lfd. Nr. 132).

---

*) LG Krefeld NJW 66/946.

S. 251 **§ 80 FN 1** **Lfd. Nr. 150**

Literatur: Hartung: Sühneverfahren gegen Jugendliche, Schiedsmanns-Zeitung 65/72; Schnitzerling: Minderjährige als Verletzte und Beschuldigte vor dem Schiedsmann, RdJ 65/245.

S. 252 **§ 80 A 3a aE** **Lfd. Nr. 151**
13. Textzeile von unten

Der Strafantrag, der eine Voraussetzung für die Zulässigkeit von Privat- und Nebenklage bei Antragsdelikten ist, kann **von einem 18jährigen**, der geschäftsfähig ist, nicht nur gestellt (§ 65 Abs. I S. 1 StGB), sondern **auch selbständig zurückgenommen** werden. Denn das Rücknahmerecht steht dem Antragsteller zu (Schwarz-Dreher, 27. Aufl. § 64 StGB Anm. 1b). — Auch die **Handlungen eines Dritten im Auftrag** eines solchen „Antragsmündigen" sind wirksam, mag auch das Innenverhältnis zum Beauftragten mangels Zustimmung der gesetzlichen Vertreter zivilrechtlich unwirksam sein. Denn der Dritte hat nur für den Berechtigten gehandelt; es liegt letztlich eine Handlung des Berechtigten selbst vor (ähnlich der mittelbaren Täterschaft). (Vgl. auch lfd. Nr. 114 wegen der Rechtsmittelrücknahme des minderjährigen Angeklagten).

S. 257 **§ 83 A 1b (2) aE** **Lfd. Nr. 151a**
9. Zeile von unten

Hat der Jugendrichter über einen Antrag auf **Vollstreckungsaufschub entschieden,** kann dagegen nur Antrag auf gerichtliche Entscheidung gem. § 462 Abs. I StPO gestellt werden, da ja der **Jugendrichter zunächst als Vollstreckungsbehörde** tätig war (OLG Hamm SjE F 1 S. 15).

S. 259 **§ 84 A 2b aE** **Lfd. Nr. 152**
Zeile 17

Die **Vollstreckung einer** (von einem allgemeinen Strafgericht oder von der Jugendkammer verhängten) **Jugendstrafe gegen einen Heranwachsenden, der** vor der Tat nach den Bestimmungen der Sowjetzone **volljährig** geworden ist, hat gem. § 84 Abs. II JGG der Jugendrichter einzuleiten, dem die vormundschaftsrichterlichen Erziehungsaufgaben oblägen, wenn der Verurteilte noch nicht volljährig wäre (BGH 20/157 wie Kommentar).

S. 270 **§ 88 A 1a aE** **Lfd. Nr. 153**
7. Zeile von unten

Eine **zu große Zurückhaltung bei der bedingten Entlassung** ist auch deshalb **nicht angebracht,** weil die zur notwendigen Umprägung der Persönlichkeit erforderlichen Seelenkräfte zum überwiegenden Teil aus den lustbetonten Vorstellungen eines erreichbaren Vorteils bezogen werden müssen (Unlustgefühle befähigen zu einer inneren Wandlung nur in geringem Maß). Diese positiven Kräfte können aber in der erforderlichen Dynamik nur innerhalb eines verhältnismäßig kurzen Zeitraumes (1, höchstens 1½ Jahre) mobilisiert werden (Graßberger, Österreichische JZ 61/173f., zustimmend Noll, Recht u. Staat H. 244 S. 22f.).

S. 275 **§ 90 FN 1** **Lfd. Nr. 154**

Literatur: Wehner: Verbüßung von Jugendarrest in Erziehungsheimen, ZBl. 66/38; vgl. auch lfd. Nr. 50.

S. 276 **§ 90 A 1a aE** **Lfd. Nr. 154a**
19. Zeile von unten

Die langerwartete neue **Jugendarrest-Vollzugsordnung** soll nun zum 1. 10. 1966 in Kraft treten.

S. 277f. **§ 91 FN 1** **Lfd. Nr. 155**

Literatur: Bernhardt: Hafterleichterungen im Erziehungsvollzug, Zeitschrift für Strafvollzug 64/285; Frisch: Die Jugendstrafe im Lichte des Vollzugs, Justiz 64/155; Kellner: Sozialarbeit im Jugendstrafvollzug, ZBl. 65/50; Krebs: Jugendstrafvollzug in der Luchterhand-Reihe: Jugend im Blickpunkt (in Vorbereitung); Mauch: Psychotherapie im Strafvollzug. — Vgl. auch in Gerichtliche Psychologie: Gallmeier: Klassifizierung der Gefangenen (allg.); Mey: Der Psychologe als Berater des Vollzugsleiters im Jugendstrafvollzug. — Busch: Vollzug in weitgehend freien Formen (§ 91 Abs. III JGG), Zeitschrift für Strafvollzug 65/168.

S. 279 **§ 91 A 2b aE** **Lfd. Nr. 156**
Zeile 19

Das Abschneiden überlanger Haare und eines entsprechenden Bartes ist aus erzieherischen Gründen **zulässig, wenn** es im Interesse der Körperpflege, Reinlichkeit und Schicklichkeit geboten oder wenn sonst das Auftreten Aufsehen unter den Gefangenen erregen und die Disziplin stören würde. Denn **auf Grund des besonderen Gewaltverhältnisses im Strafvollzug** sind alle Maßnahmen zulässig, die zur Aufrechterhaltung dieses besonderen Gewaltverhältnisses notwendig sind, auch Eingriffe in Grundrechte (OLG Frankfurt JR 64/393). — Anders für die Hauptverhandlung vor Gericht KG JR 66/73; vgl. lfd. Nr. 77, Abs. e.

S. 279 **§ 91 aE** **Lfd. Nr. 157**
letzte Textzeile

3. Auch ein minderjähriger Gefangener kann **Antrag** auf gerichtliche Entscheidung **nach § 23 EGGVG** gegen Anordnungen der Vollzugsbeamten stellen (OLG Frankfurt JR 64/393).

S. 282 **§ 93 UVollzO** **Lfd. Nr. 158**
Zeile 7

Die **Untersuchungshaftvollzugsordnung** gilt ab 1. 1. 1966 in der Fassung vom 15. 12. 1965 (JMBl. NRW 66/3, SchlHA 66/9, BayJMBl. 65/158). Die im Kommentar abgedruckten Sonderbestimmungen für Jugendliche sind an 2 Stellen geändert (s. die 3 nächsten laufenden Nummern).

S. 282 **§ 78 UVollzO** **Lfd. Nr. 159**
letzte Zeile Abs. I S. 2
S. 283
Zeilen 1—3

§ 78 Abs. I S. 2 UVollzO lautet nun:
Wenn gesundheitliche Gründe es dringend erfordern, kann ein junger Gefangener ausnahmsweise vorübergehend auch zusammen mit erwachsenen Gefangenen untergebracht werden.

S. 284 **§ 83 UVollzO** **Lfd. Nr. 160**
Zeile 15—19 Abs. II

§ 83 Abs. II UVollzO lautet nun:
Dem Vertreter der Jugendgerichtshilfe und, wenn der Gefangene unter Bewährungsaufsicht steht oder für ihn ein Erziehungsbeistand bestellt ist, dem Helfer und dem Erziehungsbeistand ist der Verkehr mit dem Gefangenen in demselben Umfang wie einem Verteidiger gestattet (§§ 93, 110 JGG). Die Nr. 36 und 37 dieser Vollzugsordnung gelten entsprechend.

S. 285 **§ 93 A 3c (1) aE** **Lfd. Nr. 161**
Zeile 23

Die Zusammenlegung von Untersuchungsgefangenen ist nunmehr nur nach ausdrücklichem schriftlichem Antrag möglich, der jederzeit zurückgenommen werden kann. Junge Gefangene dürfen mit erwachsenen Gefangenen nur dann und nur ausnahmsweise und vorübergehend zusammen untergebracht werden, wenn gesundheitliche Gründe es dringend erfordern (Nr. 23, 78 UVollzO).

S. 287 **§ 94 Vorb. 5a (1) aE** **Lfd. Nr. 162**
9. Zeile von unten

Es muß jetzt heißen: § 13 Abs. I Ziff. 2c—h StVZO.

S. 287 **§ 94 Vorb. 5a (2) aE** **Lfd. Nr. 163**
letzte Zeile

1. Hinter § 96 JGG ist einzufügen: Anm. 4.

2. **Strafen,** die im Strafregister der **beschränkten Auskunft** unterliegen, **getilgt** werden oder für die der **Strafmakel** gem. § 97 JGG **beseitigt** ist, sind zwar **in der Verkehrszentralkartei auch zu tilgen** (§ 6a Abs. III StVG; § 13a Abs. III Ziff. 1 StVZO). Deshalb kommt die Aussetzung der Verhängung der Jugendstrafe und eine zur Bewährung ausgesetzte Jugendstrafe an sich gar nicht zur Eintragung in der Verkehrs-

zentralkartei. **Doch unterbleibt** gem. § 6a Abs. IV StVG, § 13a Abs. V StVZO diese **Tilgung in der Verkehrszentralkartei, solange** die Erteilung einer neuen Fahrerlaubnis untersagt oder ein Fahrverbot (§ 37 StGB) wirksam ist. So lange kommen also auch die Aussetzung der Verhängung der Jugendstrafe und die zur Bewährung ausgesetzte Jugendstrafe in die Verkehrszentralkartei.

S. 289—291 **hinter § 94 Richtlinien** **Lfd. Nr. 164**

Änderung:

Vermerk: Die Zeilen 3—17 auf S. 290 und 1—4 auf S. 291 sollten im Kommentar gestrichen, und dort sowie am Ende der Nr. 4 Hinweise auf die hier abgedruckten neuen Texte angebracht werden.

Die **Anordnung über die gerichtliche Erziehungskartei** ist 1965 geändert worden (s. z. B. Nds. Rpfl. 65/125, 66/29; JMBl. NRW 65/133, Bay. JMBl. 65/64).

Außer den durch Fußnoten im Kommentar schon angedeuteten Änderungen der Nr. 2f. durch die Änderungen des Jugendwohlfahrtsgesetzes und die Ersetzung des Punktes durch ein „und" am Ende der Nr. 2g sowie die Einführung neuer Muster ergeben sich **folgende Änderungen:**

1. Nr. 2 hinter g bis Nr. 3 bisheriger Absatz 1:

(im Kommentar S. 290 Zeilen 3—17)

h) Die Anordnung der Unterbringung eines Minderjährigen nach § 73 Abs. 2 des Bundessozialhilfegesetzes und ihre Aufhebung. In den Fällen zu e) ist zugleich die vom Richter nach § 45 Abs. 1 oder § 47 Abs. 1 Nr. 1 JGG getroffene Maßnahme mitzuteilen. Ist Erziehungsbeistandschaft angeordnet, so ist auch ihre Aufhebung mitzuteilen (§ 61 Abs. 2 des Gesetzes für Jugendwohlfahrt). Ist Fürsorgeerziehung angeordnet, so ist auch ihre Aufhebung sowie der Widerruf der Aufhebung mitzuteilen (§ 75 Abs. 2 und 4 des Gesetzes für Jugendwohlfahrt). Wird die Entscheidung vom Landesjugendamt getroffen (§ 75 Abs. 6 des Gesetzes für Jugendwohlfahrt), obliegt die Mitteilung dem Vormundschaftsrichter.

3. Für die Mitteilungen nach Nummer 2 wird das anliegende Muster J verwendet. Weitere Mitteilungen, die einen bereits in der gerichtlichen Erziehungskartei Geführten betreffen, werden auf das zuerst eingelegte Muster J übertragen und sodann vernichtet. Das Muster J hat das Format DIN B 5. Abweichungen bis zu 2 mm in der Höhe und bis zu 5 mm in der Breite sind zulässig. Die Vordrucke müssen aus hellgrünem Karton mit einem Gewicht von 150 g/qm und senkrechter Laufrichtung gefertigt sein. Gewichtsabweichungen bis zu zehn vom Hundert sind zulässig. Ist der mitteilungspflichtigen Behörde bekannt, daß über den Jugendlichen (Heranwachsenden) bereits eine Eintragung in der Erziehungskartei vorhanden ist, so kann kräftiges Papier verwendet werden.

Mitteilungen, die den Bestimmungen des Absatzes nicht entsprechen, kann die Strafregisterbehörde zurückweisen.

2. Der Nr. 4 wurde folgender Satz angefügt:

(Kommentar S. 290 Zeile 24).

Die gemeinsame Führung von Erziehungskartei und Strafregister ist zulässig. Werden Erziehungskartei und Strafregister gemeinsam geführt, so sind die Vordrucke der gerichtlichen Erziehungskartei mit einem deutlich sichtbaren Stempel „Mitteilung nur an Strafgerichte, Vormundschaftsgerichte, Staatsanwaltschaften und Jugendämter" zu versehen.

3. Der Satz 3 der Nr. 7 ist wie folgt geändert:

(Kommentar S. 291 Zeilen 1—4).

In dem Zeitpunkt[1]), in dem hiernach die Vermerke zu vernichten wären, wird festgestellt, ob im Strafregister eine Verurteilung zu einer Freiheitsstrafe eingetragen ist. Die Vernichtung unterbleibt, wenn und solange noch eine Freiheitsstrafe im Strafregister verzeichnet ist. In diesem Fall werden die gerichtliche Erziehungskartei und das Strafregister fortan gemeinsam geführt. Nummer 4 Abs. 2 Satz 2 ist anzuwenden.

S. 295 **§ 96 A 4** **Lfd. Nr. 164a**
14. ff. Zeilen von unten

Das LG Nürnberg-Fürth (BayJMBl. 66/52) will mit Hartung (NJW 64/81, 84) gegen das AG Nürnberg, Dallinger-Lackner (JGG, 2. Aufl., § 96 Randnote 2) und meinen Kommentar die **Anordnung der beschränkten Auskunft** bei zur Bewährung ausgesetzter Jugendstrafe gegen § 96 Abs. II JGG dann nicht zulassen, **wenn** daneben **auch die Fahrerlaubnis entzogen** worden ist: diese Verurteilung sei „mehr als ein Jahr Jugendstrafe", wie ein Vergleich mit dem Wortlaut des § 95 JGG zeige; außerdem stehe das Sicherungsinteresse der Öffentlichkeit der beschränkten Auskunft entgegen.

Dieses Argument geht ins Leere, weil dieses Interesse durch die Eintragung in die Verkehrszentralkartei gewahrt ist (vgl. lfd. Nr. 163 Ziff. 2), im übrigen nur **beschränkte Auskunft, nicht die Nichteintragung** angeordnet wird. Das Sicherungsinteresse der Allgemeinheit muß nach Ablauf der Sperrfrist vor der Wiedererteilung einer neuen Fahrerlaubnis durch die Verwaltungsbehörde sorgsam geprüft werden; hat der Verurteilte aber seinen Führerschein wieder, kann ein Registereintrag die Allgemeinheit nicht mehr schützen. Zum ersten Argument des LG kann man nur mit Dallinger-Lackner a. a. O. feststellen, daß das Ergebnis nicht **jugendgerecht** ist. Der Wortlaut des Gesetzes zwingt nicht zu der Auslegung des LG. Der Sinn der Vorschrift geht aber dahin, daß in den Fällen des § 96 Abs. I und II JGG eine Resozialisierung durch Bewährung in Freiheit angestrebt wird, die nicht dadurch gefährdet werden soll, daß der Proband wegen unbeschränkter Auskunft mit dem Makel des Vorbestraften belastet ist. Wer glaubt, der Verurteilte werde sich ohne Strafvollzug bewähren, soll ihm für die Bewährungszeit nicht Prügel zwischen die Beine werfen, wie es das LG tut.

---

[1]) Diese 3 Worte stehen im Kommentar noch auf S. 290.

S. 296 **§ 96 A 5 aE** **Lfd. Nr. 165**
Zeile 9

Nach herrschender Ansicht soll die Wirkung der Anordnung, es sei nur **beschränkte Auskunft** zu erteilen, **entfallen, wenn** nachträglich eine neue Verurteilung eingetragen wird, über die unbeschränkt Auskunft zu erteilen ist (Hartung, Das Strafregister, 2. Aufl. Anm. 2d zu § 96 JGG, Anm. 10 zu § 8 Straftilgungsgesetz, Burchardi-Klempahn, Strafregister, Führungszeugnis und Karteien, 3. Aufl. Anm. IV 2 sowie Schäfer-Hellwig, Straftilgungsgesetz und Strafregisterverordnung Anm. 9 je zu § 8 Straftilgungsgesetz). **AA** — wie Kommentar — Schwarz-Kleinknecht, StPO, Anm. 1 zu § 2 Straftilgungsgesetz, zu Recht, denn es ist nicht einzusehen, warum z. B. eine Verurteilung wegen eines Vergehens zu einer kleinen Geldstrafe die wohlerwogene Regelung des § 96 JGG beseitigen soll; bei einem schweren Verstoß wird die Bewährungsentscheidung widerrufen, so daß damit das Problem gelöst ist.

Dagegen ist allgemein anerkannt, daß die Eintragung einer Entscheidung, für die die beschränkte Auskunft — z. B. gem. § 96 JGG — angeordnet ist, keinen Einfluß auf andere schon bestehende Registereinträge hat (Hartung a. a. O. Anm. 8c, Burchardi-Klempahn Anm. IV 2, Schäfer-Hellwig a. a. O. Anm. 9 je zu § 8 Straftilgungsgesetz, Schwarz-Kleinknecht a. a. O., Götz NJW 63/1815f.).

Für Bayern ordnet die JME 4241 — II — 246/64 vom 8. 6. 1965 an, daß bis zur Klärung der Fragen nach der herrschenden Ansicht zu verfahren ist.

S. 301 **§ 100 A 2b** **Lfd. Nr. 166**
Zeile 6

Eine **zur Bewährung ausgesetzte Jugendstrafe steht auch nach Beseitigung des Strafmakels** (§ 96 Abs. III JGG) **einer Strafaussetzung** zur Bewährung gem. § 23 Abs. III Ziff. 2, 3 StGB **entgegen** (BGH NJW 64/1732).

S. 305 **§ 103 A 1 aE** **Lfd. Nr. 167**
Zeile 8

Im Jugendrecht sollten **alle Verfahren gegen einen Täter** in aller Regel **verbunden** werden, da nur so der in § 31 Abs. 1 JGG niedergelegte Grundsatz der Einheitsstrafenbildung verwirklicht werden kann (wie Kommentar Roestel NJW 66/334f.). Gegen eine sachgemäße Verbindung kann der Angeklagte **nicht einwenden,** er werde dadurch seinem **gesetzlichen Richter entzogen** (OLG Nürnberg OLG St. § 13 StPO Nr. 2 S. 1). Nach BGH NJW 64/1034 sollen **verbundene Verfahren** stets auch zeitweilig **getrennt** werden können, etwa um einen Mitbeschuldigten als Zeugen zu vernehmen (bedenklich).

S. 305 **§ 103 A 2 aE** **Lfd. Nr. 168**
Zeile 12

Eine Verbindung gem. § 237 StPO (innerhalb der Abteilungen eines Gerichts) ist schon vor Eröffnung des Hauptverfahrens möglich, wenn nur Anklage erhoben ist (wie bei §§ 2, 13 Abs. II StPO; anders kraft Gesetzeswortlaut bei §§ 4 und 12 StPO)

(BGH 20/219). Das Gericht neigt der Ansicht zu, daß die Verbindung eine dem Antrag der Staatsanwaltschaft entsprechende Vereinbarung beider Richter voraussetze, ohne die Frage zu entscheiden.

S. 305 **§ 103 FN 2** **Lfd. Nr. 169**

Liegt das **Schwergewicht bei Erwachsenen** oder läßt sich ein **Schwergewicht nicht** feststellen, entscheidet das **pflichtgemäße Ermessen** des Jugendstaatsanwalts, das das Gericht nicht nachprüfen kann (KG NJW 64/2437 wie Kommentar). Doch wird nach dem StPÄG eine entsprechende Anwendung des § 209 Abs. II StPO geboten sein, die dem Gericht das Recht der Nachprüfung gibt (vgl. lfd. Nr. 92 und 179).

S. 306 **§ 103 A 4a (1) aE** **Lfd. Nr. 170**
11. Textzeile von unten

Das allgemeine Gericht kann ein Verfahren, in dem Erwachsene und Heranwachsende angeklagt sind, **im Einverständnis mit dem Jugendrichter an diesen abgeben** (BGH 18/173; vgl. Kommentar § 33 Anm. 3), **wenn das Schwergewicht bei den Heranwachsenden** liegt. Ist der Jugendrichter nicht einverstanden, muß das allgemeine Gericht über die Eröffnung des Hauptverfahrens entscheiden und gegebenenfalls die Eröffnung mangels Zuständigkeit ablehnen. Das OLG kann nicht entspr. §§ 14, 19 StPO angerufen werden, da dieses nur den Streit über die örtliche Zuständigkeit zwischen verschiedenen Gerichten — nicht zwischen Abteilungen eines Gerichts — zu entscheiden hat (KG NJW 64/2037).

S. 306 **§ 103 A 4a (2)** **Lfd. Nr. 171**
8. Textzeile von unten hinter Satz 2

Trennt das Gericht das Verfahren gegen Erwachsene von dem gegen Jugendliche oder Heranwachsende, **muß es das Verfahren gegen die Angeklagten, für die es nicht zuständig ist,** an das zuständige Gericht **abgeben.** Diese Abgabe ist die Vorlage an das allein zuständige Gericht (also anders als bei anderen Abgaben, die eine neue Zuständigkeit begründen, z. B. gem. §§ 42 Abs. III S. 2, 58 Abs. II S. 3, 65 Abs. I S. 3 JGG). Durchaus sinnvoll hat das Gesetz hier die **Anrufung eines höheren Gerichts nicht vorgesehen.** Die ordentliche Abwicklung des Verfahrens kann ja durch Beschwerde gegen die Nichtanberaumung der Hauptverhandlung erzwungen werden. Nur wenn alle zuständigen Gerichte ihre Zuständigkeit in unanfechtbaren Entscheidungen verneint haben, kommt die Anrufung des gemeinschaftlichen oberen Gerichts in Ausfüllung einer Lücke in Betracht (KG JR 64/470, vgl. BGH 18/381, 384, RG 29/174, 178; Dünnebier in Löwe-Rosenberg 21. Aufl. Vorb. 4b vor § 1 StPO).

S. 311 **§ 105 FN 1** **Lfd. Nr. 172**

Literatur: Becker: Die Heranwachsenden im kommenden Recht, UJ 66/11; Blau: Zur Reform des Strafrechts für Heranwachsende, ZBl. 64/157; Brauneck: Die Jugendlichenreife nach § 105 JGG, ZStW 65 (77)/209; Doermer: Abgrenzungsprobleme zwischen Jugendstrafrecht und Erwachsenenstrafrecht bei Straftaten Heranwachsender, Diss. Hamburg 1963;

Kluge: Entwurzelung und Entwicklung, MKrim 65 (48) H. 5; Ottinger: Die bedingte strafrechtl. Reife (§§ 3, 105 JGG) in Gerichtl. Psychologie; Suttinger: Die Reifebeurteilung nach § 105 JGG in der Gerichtspraxis, MKrim 64 (47)/265.

Holzbach und Wenzlaff: die Rückfallprognose bei heranwachsenden Straftätern (MKrim 66 (49)/66). Danach ist es für den Rückfall ohne Bedeutung, ob Jugend- oder allgemeines Strafrecht angewendet wird; auch die Zuziehung von Sachverständigen soll zu keinen besseren Ergebnissen führen. Bei den typischen Jugendverfehlungen ist nach diesen Untersuchungen die Prognose sehr gut (nur $10_0/^0$ Rückfall statt sonst etwa ⅓). — Besonders zu beachten ist das umfassende Literaturverzeichnis a. a. O. S. 86.

S. 312 **§ 105 A 2a aE** **Lfd. Nr. 173**

4. Textzeile von unten

Für die Anwendung des **Jugendrechts** ist es **nicht notwendig,** daß der Heranwachsende **in seiner Entwicklung zurückgeblieben** ist (Brauneck ZStW 65 (77)/209ff.); es genügt, wenn die in § 105 genannten Voraussetzungen gegeben sind (dazu vgl. im Kommentar).

S. 316 **§ 105 FN 3a aE** **Lfd. Nr. 173a**

Wie der BGH (EJF C I 43) stellt auch das OLG Düsseldorf (VRS 30/175) für den Begriff der (typischen) **Jugendverfehlung** in erster Linie auf das **äußere Erscheinungsbild** der Tat ab, die die typischen Züge jugendlicher Unreife aufweisen muß. — Doch können auch die (innerlichen) Beweggründe eine Tat zur Jugendverfehlung machen.

S. 317 **§ 105 A 2e (3) aE** **Lfd. Nr. 174**

letzte Textzeile

Daß die **Maßnahmen des Jugendrechts oft schwerer** sind als die des allg. Strafrechts, zeigt die Aufstellung bei Brauneck ZStW 65 (77)/217. Schon deshalb darf **im Zweifel nicht schlechthin Jugendrecht** angewendet werden, weil im Zweifel immer zugunsten des Angeklagten entschieden werden muß (vgl. Kommentar).

S. 318 **§ 105 A 3 aE** **Lfd. Nr. 175**

Zeile 22

e) Wo **allg. Recht** angewendet wird, kann gem. § 106 JGG gemildert werden (s. dort). Auch sonst kann **bei der Strafzumessung der Entwicklungsstand** des gerade dem Jugendrecht Entwachsenen **berücksichtigt** werden und seine besondere Lage. Einem heranwachsenden Schüler z. B. darf die Umwandlung einer Gefängnis- in eine Geldstrafe nicht allein deshalb versagt werden, weil er mittellos ist und eine Geldstrafe voraussichtlich seinem Vater zur Last fällt; denn einmal könnte der erzieherische Zweck der Strafe durch das Gefühl ungerechter Behandlung vereitelt, zum anderen könnten Berufspläne unberechtigt durch den Makel der Gefängnisstrafe gefährdet werden (ObLG NJW 64/2120).

S. 319 **§ 105 FN 7** **Lfd. Nr. 176**

Die **Anfechtung** kann **nicht allein** auf die Frage des **§ 105 JGG beschränkt** werden (BGH 2. 4. 63 5 StR 83/63 bei Herlan GA 64/135 wie Kommentar).

S. 338 **§ 112c FN 1** **Lfd. Nr. 177**

Literatur: Meister: Zur Frage der Behandlung von Jugendarrestanten und Straffälligen durch die Bundeswehr, BewH 65/277.

Wegen der Einzelheiten sind örtliche Regelungen getroffen, z. B. die Dienstanweisung über die Zusammenarbeit der Dienststellen der Bundeswehr im Wehrbereich VI mit den Behörden der Landesjustizverwaltung in Bayern bei der Vollstreckung und dem Vollzug von Freiheitsstrafen und Jugendarrest an Soldaten vom 4. 3. 1966, Bay. JMBl. 66/58.

S. 343 **§ 115 FN 1** **siehe Lfd. Nr. 154a**

S. 347 **§ 121 A 2a (4) 1. Halbsatz** **Lfd. Nr. 178**
Zeile 9

Hat der Staatsanwalt gegen einen Erwachsenen gem. § 26 GVG Anklage vor dem **Jugendschöffengericht** erhoben, ist für die **Berufung** die **Jugendkammer** (nicht die Jugendschutzkammer) zuständig. Die Zuständigkeit der Jugendkammer kann auch nicht im Wege der Geschäftsverteilung dadurch ausgeschlossen werden, daß an Stelle der Jugendkammer die Jugendschutzkammer für zuständig erklärt wird; denn ein der gesetzlichen Regelung entgegenstehender Geschäftsverteilungsplan ist insoweit unwirksam (OLG Saarbrücken NJW 65/2313 = VRS 29/290).

S. 347 **§ 121 A 3b (1) aE** **Lfd. Nr. 179**
Zeile 17

In Jugendschutzsachen kann die Jugendkammer wie die Strafkammer **gem. § 209 Abs. II StPO ohne Rücksicht auf den Antrag des Staatsanwalts** vor dem Amtsgericht als **Erwachsenengericht oder** als **Jugendgericht** eröffnen, der Amtsrichter, gleichgültig, ob er Jugendrichter ist oder nicht, kann gem. § 209 Abs. III StPO die Akten der Jugend- oder der Strafkammer vorlegen. Die angegangene Jugendkammer kann die Akten der Strafkammer mit der Anregung zuleiten, dort das Verfahren zu eröffnen und umgekehrt; Gleiches gilt auf der Ebene des Amtsgerichts.

Jede **Zuleitung** erfolgt **durch Vermittlung der Staatsanwaltschaft** schon mit Rücksicht auf § 33 Abs. II StPO (vgl. lfd. Nr. 92).

S. 347 **§ 121 FN 7** **Lfd. Nr. 180**

Literatur: Duhm: Erstbekundungen jugendlicher Zeugen bei Sexualdelikten; Groffmann: Die psychischen Auswirkungen von Sittlichkeitsverbrechen bei jugendlichen Opfern; Müller-Luckmann: Die psychologische Begutachtung der Glaubwürdigkeit insbesondere in Jugendschutzsachen, alle in Gerichtliche Psychologie. — Eliasberg: Gutachten in einem Sittlichkeitsprozeß, MKrim 65 (48)/21; Filthaut: Kindliche und jugendliche Zeugen in

Verfahren wegen „Unzucht mit Kindern", RdJ 64 H. 24; Friedrichs: Kinderaussagen und „eidetische Veranlagung", Archiv für Kriminologie 65/139; Redelberger: Psychologische Gutachten in Sittlichkeitsprozessen, NJW 65/1990 (vgl. aber Undeutsch NJW 66/377).

S. 348 — § 121 A 3a aE — Lfd. Nr. 181
Zeile 16

Redelberger (NJW 65/1990) hat erhebl. Bedenken gegen Gutachten von Psychologen der Schulrichtung Undeutsch und hält stets die Einschaltung eines erfahrenen Jugendpsychiaters für geboten. Undeutsch (NJW 66/377) tritt diesen Bedenken überzeugend entgegen.

Die vom BGH entwickelten Grundsätze, wann ein Glaubwürdigkeitsgutachten über jugendliche Tatzeugen zu erholen ist (vgl. Kommentar), gelten auch bei homosexuellen Sittlichkeitsstraftaten. Das Gericht verletzt seine Aufklärungspflicht nicht, falls es ohne ein solches Gutachten entscheidet, wenn der Angeklagte die Taten teilweise einräumt und in zwei Tatsachenverhandlungen keinen Beweisantrag stellt (OLG Köln NJW 66/1183).

S. 348 — § 121 A 3b (1) (b) S. 1 aE — Lfd. Nr. 182
5. Zeile von unten

Erwächst dem Zeugen erst nach seiner richterlichen Vernehmung ein **Zeugnisverweigerungsrecht** und macht er hiervon in der Hauptverhandlung Gebrauch, darf der Richter über die frühere Aussage nicht vernommen werden (ObLG NJW 66/117*). Vgl. auch BGH MDR 66/161: Verweigert der Zeuge die Aussage, darf auch ein gegen ihn in gleicher Sache ergangenes Urteil mit seinem Geständnis nicht verlesen werden, weil nur Aussagen verwertet werden dürfen, die nach Belehrung gem. § 52 StPO gemacht wurden (zust. Anm. Dallinger).

Die Aufklärungspflicht kann die Vorladung eines Zeugen gebieten, der in dieser Sache schon vor dem Richter ausgesagt und auf die Ladung zur Hauptverhandlung schriftlich die Aussage verweigert hat, wenn es möglich ist, daß der Zeuge irrig davon ausgeht, mit der Aussageverweigerung sei auch seine frühere Aussage unverwertbar geworden (BGH NJW 66/742 mit kritischer Anm. Seydel: woher soll das Gericht wissen, ob der Zeuge sich irrt?).

S. 348 — § 121 FN 8 — Lfd. Nr. 183

Bei einem **14jährigen Kind** normaler Intelligenz kann das Gericht davon ausgehen, daß es selbst die zum **Verständnis seines Weigerungsrechtes** erforderliche Reife hat (BGH 20/234).

S. 349 — § 121 A 3b (2) (a) — Lfd. Nr. 184
Zeile 2 — nach Satz 2

Sagt der Zeuge in der Hauptverhandlung nach Belehrung über das Zeugnisverweigerungsrecht **aus,** liegt darin die **Zustimmung zu** einer früher ohne Belehrung durchgeführten **Untersuchung** (BGH 20/234).

S. 349 **§ 121 A 3b (2) (a) aE** **Lfd. Nr. 185**
Zeile 5

Eine **psychologische Glaubwürdigkeitsuntersuchung** ist stets nur mit Einwilligung zulässig (BGH 13/394, Kommentar). Denn § 81c StPO verpflichtet Zeugen nur zu bestimmten Untersuchungen, zu denen die für das Glaubwürdigkeitsgutachten erforderlichen nicht gehören. Daß BGH 20/234 das Recht, die Glaubwürdigkeitsuntersuchung zu verweigern, mit dem Zeugnisverweigerungsrecht in Zusammenhang bringt, ändert daran nichts.

S. 349 **§ 121 A 3b (2) (b) aE** **Lfd. Nr. 186**
Zeile 11

Wegen der **Genehmigung zur Verwertung früherer Angaben** vgl. lfd. Nr. 184.

Dürfen die Auskünfte oder andere Tatsachen, die dem **Sachverständigen** bei Durchführung des Auftrages bekannt geworden sind, vom Gericht verwertet werden, so kann er **als Zeuge** darüber auch dann vernommen werden, **wenn er als Sachverständiger erfolgreich abgelehnt** wurde; er darf dann nur keine Schlüsse aus diesen Tatsachen ziehen (BGH 20/222).

S. 349 **§ 121 hinter A 3c** **Lfd. Nr. 187**
Zeile 12

4. Wegen **Ordnungsstrafen bei Nichterscheinen von Kindern** und Jugendlichen, die als Zeugen geladen sind, vgl. lfd. Nr. 23.

S. 356 **Fundstellenverzeichnis** **Lfd. Nr. 188**
oben **BGH, amtl. Sammlung**

Weitere Fundstellen der letzten Entscheidungen s. Fundstellenverzeichnis vor lfd. Nr. 1 Abschnitt B I Fußnote[1]).

FSC
www.fsc.org
MIX
Papier | Fördert gute Waldnutzung
FSC® C083411

Kolibri 360 GmbH
Ferdinand-Jühlke-Straße 7
99095 Erfurt, Deutschland
produktsicherheit@kolibri360.de